英语版

跟我学汉语

글로벌 중국어 1

学生用书 第一册

Learn Chinese with Me

Student's Book 1

人民教育出版社

한중교류출판사

People's Education Press

〉〉 **주편** : **쭈찌핑(朱志平) 박사**
북경사범대학 교수
미국, 폴란드 대학 교수 역임
〉〉 **편집** : **쉬차이화(徐彩华) 박사**
북경사범대학 교수
〉〉 **책임감수** : **류 다(吕 达) 박사**
북경사범대학 교수
중국국가 교육협회 이사장, 학술위원
〉〉 **번역감수** : **강강원(姜罡远) 박사**
한국 중국어교육연합 광주지부장
한국외국어대학

LEARN CHINESE WITH ME

글로벌 중국어1

초판 인쇄 : 2009년 2월 23일
초판 발행 : 2009년 2월 23일

주편 : 쭈찌핑(朱志平)
편집 : 쉬차이화(徐彩华)
책임감수 : 류 다(吕 达)
번역감수 : 강강원(姜罡远)
펴낸 곳 : 한중교류출판사
등록 : 제 359-2008-000090호
주소 : 광주광역시 동명동 248-2 대봉빌딩 4~6층
대표전화 : (062) 224-8885 / **팩스** (062) 232-8886
홈페이지 www.hanzhong21c.com

ISBN 978-89-961711-8-8 *44720

• 이 교재에는 CD(2장)가 포함되어 있습니다.
• 정가는 책 표지에 표시되어 있습니다.

教材项目规划小组

严美华　姜明宝　张少春
岑建君　崔邦焱　宋秋玲
赵国成　宋永波　郭　鹏

主　　编　陈　绂　朱志平
翻　　译　姜罡远
编写人员　朱志平　徐彩华　娄　毅
宋志明　陈　绂
英文翻译　李长英

责任编辑　施　歌
审　　稿　王本华　吕　达

美术编辑　张立衔
插图制作　北京天辰文化艺术传播有限公司

머리말

<< 글로벌 중국어 >> 이 교재는 중국 본토 학생이 아닌 외국인을 대상으로 편집된 중국어 교재이다.

<< 글로벌 중국어 >> 교재는 세계로의 중국어 보급과 중국어 교습을 매우 사랑하는 수많은 교사들과 중국 정부 교학 담당관들의 심혈을 합쳐 만들어진 교재이다. 이 시리즈 교재의 설계에서부터 언어 자료의 채택과 배정하는 과정에, 현재의 중국어를 제2언어로 공부하는 연구를 모두 흡수 하였고, 특별히 영어를 주로 사용하는 분들에 대한 중국어 습득에 관한 연구결과는 가장 최신의 성과이다. 편집자들은 모두 중국어를 제2언어로 가르치는 정규교사이므로 자신이 직접 가르치는 각도에서 교재를 편집하고 내용을 배정하였다. 편집 과정 중에 우리 또한 해외교육기관에서 중국어를 제2언어 교육으로 진행하는 일선의 중국어 교사의 의견을 충분히 받아들이고, 이러한 의견은 편집 과정에 매우 좋은 방향을 제시 하였다.

<< 글로벌 중국어 >> 시리즈 교재는 영(零) 수준을 기점으로 시작해서 중급 수준까지 접근하는 회화 중심의 내용으로 되어 있다. 편집을 주도하는 중점내용은 해외의 학생들의 중국어 학습의 흥취를 양성하고, 교재의 내용 배정상 자연, 취미, 제2언어 학습 규칙에 부합시켰다. 교재 어법의 출원순서는 표현능력의 수효를 기초로 하면서, 또한 화제와 서로 연관 관계를 이루면서 교재를 편집하고 배열시키므로 언어 커뮤니케이션 능력을 배양 하게 된다. 이 같은 방법은 해외의 많은 중국어를 배우는 사람에게 큰 도움이 된다. 2001년 편집한 북미 지국의 중고등학생을 대상으로 흥미를 가지는 화제에 대한 문답식 조사를 했는데, 이 교재 시리즈 화제는 500명 이상 자료 중에서 정선해서 내놓은 것이다. 이 교재는 계통성을 잊지 않는 기초상에서 매우 현저한 기능성을 나타내고 있고, 과학성을 잃지 않은 기초상에서 실용성을 지니고, 엄격성을 잊지 않는 기초상에서 취미성을 나타내고 있다.

<< 글로벌 중국어 >> 시리즈는 모두 12권이고 학생용 교재 4권, 연습용 교재 4권이며 이와 관련된 교사용 교재 4권과 동시에 학생용 책과 연관된 CD가 동봉되어 있다.

<< 글로벌 중국어 >> 교재는 중국 국가의 대외 중국어 학습 담당기관인 국가 한반 (国家汉办)에서 주도하는 중점연구 항목의 일부이며 북경 사범대학에서 주로 담당하고 있다. 이 시리즈의 책을 편집하는 과정에서 우리는 많은 방면의 지지와 도움을 받았으며, 이에 대하여 진심으로 감사를 드립니다. 국가 한반 (国家汉办)의 엄미화(严美华)주임, 강명보(姜明宝)부주임, 이계령(李桂苓)선생님, 송영파(宋永波) 선생님의 구체적인 지도는 교재를 편찬하는데 가장 큰 힘이 되었습니다. 캐나다 밴쿠버, 토론토 지역의 한어 교사, Jean Heath, Kate McMeiken, Tian Du, Chong Fu Tan, Hua Tang, Larry Zehong Lei, Assunta Tan A.M., Maggie Ip, Billie Ng, Yanfeng Qu, Hilary Spicer, Tina Ding, Xue Wu, 왕헌은(王献恩), 이건일(李建一), 고석명(高锡铭), 재대기(戴大器), 송내왕(宋乃王)...... 이분들은 교재편찬 이전에 크게 도움을 주신 분들로, 이분들의 도움아래 우리는 북미지역으로 가깝게 펼쳐 나갈 수 있었고, 교재내용을 편집하는데 큰 도움이 되었습니다. 또한 미국 시카고 지역의 중국어교사 기근(纪瑾), 차유명(车幼鸣), 세홍위(谢洪伟), 이적(李迪), 부해연(傅海燕), 고이정(顾利程), 이분들은 이 교재의 초고를 실전에 실험하고, 아주 귀중한 의견을 제출하여, 본 교재편찬에 큰 도움이 되었습니다.

캐나다 벤쿠버 중국총영사관 교육참찬 허림(许琳)여사님, 캐나다 토론토 총영사관 교육참찬 장국경(张国庆)선생님, 이분들과 함께 근무하시는 분들께서 교재 편찬 이전에 많은 양의 자료를 제공하고 교재를 편찬하는데, 아낌없는 심혈과 정열을 받쳐 도움을 주심에 무한한 감사와 뜨거운 감동을 느낍니다.

미국 시카고 총영사관 교육조의 강파(江波), 주굉청(朱宏清) 등 선생님들이 이 교재의 실험과 교정부문에 큰 공로가 있으며, 중국한반원상무부주임, 북경어언학원 부원장 정당(程棠)선생님께서 열정적으로 열람 및 교정을 하고 좋은 의견을 내주셨습니다.

끝으로 교재편집의 초기와 후기에 국가한반 조직의 전문가들께서 두 번에 걸쳐 원고의 교정과 편성에 고귀한 의견을 제시하고, 심사해 주신데 대한 무한한 감사를 표합니다.

편 자

2003년 6월

前　言

《跟我学汉语》是一套专为海外中学生编写的汉语教材，使用对象主要是以英语为母语的中学生或者年龄在15岁～20岁的青少年第二语言学习者。

《跟我学汉语》凝聚了我们这些从事并热爱汉语教学的教师们的大量心血。这套教材从框架的设计到语言材料的选取安排，都吸收了当前汉语作为第二语言习得研究、特别是对以英语为母语的汉语习得研究的最新成果。由于编写者都是汉语作为第二语言教学的教师，因此能够从自己亲身进行教学的角度去设计教材，安排内容。在编写的过程中，我们也多次征求并采纳了海外中学以汉语为第二语言进行教学的一线教师的意见，这些意见给予了编写工作很好的启示。

《跟我学汉语》这套教材以零为起点，终点接近中级汉语水平。编写的主导思想是培养海外中学生学习汉语的兴趣。教材在内容的安排上力图自然、有趣，符合第二语言学习规律。教材语法点的出现顺序以表达功能的需要为基础，并用话题为线索来编排语言材料，从而带动交际能力的培养。《跟我学汉语》采用的话题得益于海外广大中学生的热情贡献。2001年编者在北美地区对两个城市的中学生进行了“你感兴趣的话题”的问卷调查，这套教材的话题即是从500多份调查材料中精心筛选出来的。我们希望，这套教材能够在不失系统性的基础上，表现出明显的功能性；在不失科学性的基础上，表现出明显的实用性；在不失严肃性的基础上，表现出明显的趣味性。

《跟我学汉语》全套教材共12册，包括学生用书4册以及配套的教师用书、练习册各4册，同时有与学生用书相配套的语音听力材料和多媒体教材。全套教材可供英语地区中学汉语教学9年级～12年级使用。

《跟我学汉语》是中国国家对外汉语教学领导小组办公室（简称国家汉办）所主持的一项重点研究项目的一部分，由北京师范大学承担。在编写这套教材的过程中，我们得到了方方面面的支持与帮助。为此，我们衷心感谢：

国家汉办严美华主任、姜明宝副主任、李桂苓女士、宋永波先生,他们的具体指导给予了教材编写最为有力的帮助;

加拿大温哥华、多伦多地区的汉语教师：Jean Heath, Kate McMeiken, Tina Du, Chong Fu Tan, Hua Tang, Larry Zehong Lei, Assunta Tan A.M.,Maggie Ip,Billie Ng, Yanfeng Qu, Hilary Spicer, Tina Ding, Xue Wu，王献恩，李建一，高锡铭，戴大器，宋乃王……他们在教材的前期调研中提供了大量的帮助，在他们的帮助下，我们走近了北美地区，走近了我们要编写的教材；

美国芝加哥地区的汉语教师：纪瑾、车幼鸣、谢洪伟、李迪、傅海燕、顾利程，他们认真地试用了教材的初稿，并提出了宝贵的意见；

中国驻加拿大温哥华总领事馆教育参赞许琳女士、中国驻加拿大多伦多总领事馆教育参赞张国庆先生，他们以及他们的同事为教材的前期调研提供了大量帮助，为教材的编写付出了许多心血和精力，他们的热情和坦诚都令人感动；

中国驻美国芝加哥总领事馆教育组的江波、朱宏清等先生,他们为这套教材的试用与修改做了许多工作；

国家汉办原常务副主任、北京语言学院副院长程棠先生认真地审阅了全部学生用书、教师用书和练习册，并提出了中肯的意见。

在教材编写的初期和后期,国家汉办先后两次组织专家对教材的样课和定稿进行了审定，专家们提出了许多宝贵意见，我们在此一并致谢。

编　者

2003年6月

Preface

Learn Chinese with Me is a series of textbooks designed especially for overseas high school students. It is mainly targeted at students of Chinese language, aged between 15 and 20 years old, whose native language is English.

Learn Chinese with Me is a product of many years' painstaking labor carried out with a passion and devotion to the cause of Chinese teaching. During the process of compiling this series (from the framework design to the selection and arrangement of the language materials), we have taken into consideration the latest research on the acquisition of Chinese as a second language, especially on the acquisition of Chinese by English-speakers, our own experiences of teaching Chinese as a second language and feedback from numerous other Chinese language teachers working on the front line. We were able to design the textbooks and arrange the content on the basis of a wide spectrum of knowledge and experience, both academic and practical.

This series of textbooks guides the students from beginner to low-intermediate level. The compiling principle is to foster high school students' interest in learning Chinese. The content is natural and interesting and arranged in accordance with the rules of learning a second language. To cope with the general needs of conducting daily communication, the sentence patterns and grammar are presented to students in an order that emphasizes functional usage and the language materials are arranged within situational topics. The selection of these topics owes a great deal to overseas high school students themselves. In 2001, we conducted a survey among high school students in two North American cities on *Topics That You're Interested in*, and the topics in this series of textbooks have been carefully selected based on this survey of over 500 questionnaires. It is our goal that this textbook series is, on the one hand, functional, pragmatic and interesting to the learner, and on the other hand, systematic, scientific, and academic.

The entire series of *Learn Chinese with Me* is composed of 12 books, including 4 Student's Books, 4 Teacher's Books, 4 Workbooks and other phonetic and listening materials and multimedia materials supplemented to the Student's Books. The series can meet the needs of teaching Chinese to 9-12 grades in English-speaking countries and communities.

This series of textbooks is part of a major project sponsored by China National Office for Teaching Chinese as a Foreign Language (NOCFL) and entrusted to Beijing Normal University to carry out. During the whole compiling process, we received assistance and support from various parties. Therefore, we'd like to dedicate our gratitude to:

Yan Meihua, Director of NOCFL, Jiang Mingbao, Vice Director of NOCFL, Ms. Li Guiling and Mr. Song Yongbo. Their specific directions have been of crucial assistance to us.

We would also like to thank the teachers in Vancouver and Toronto, Canada. They are Jean Heath, Kate McMeiken, Tina Du, Chong Fu Tan, Hua Tang, Larry Zehong Lei, Assunta Tan A.M., Maggie Ip, Billie Ng, Yanfeng Qu, Hilary Spicer, Tina Ding, Xue Wu, Xian'en Wang, Jianyi Lee, Ximing Gao, Daqi Dai and Naiwang Song etc. Through their help in the area of research and their valuable suggestions, we acquired a better knowledge of the North American classroom and finally came closer than ever before to the kind of textbook we have always strived to create.

The teachers of Chinese in Chicago, Jin Ji, Youming Che, Hongwei Xie, Di Lee, Haiyan Fu and Licheng Gu also provided valuable suggestions after they carefully read the first draft of the textbook.

We also really appreciate the great assistance offered by Ms. Xu Lin, Educational Attach of the General Chinese Consulate in Vancouver, Canada and Mr. Zhang Guoqing, Educational Attach of the General Chinese Consulate in Toronto, Canada. They and their colleagues gave us lots of help during our long-time survey for this book. Their devotion, enthusiasm and sincerity for the project has deeply impressed us.

Mr. Jiang Bo and Mr. Zhu Hongqing in charge of education in General Chinese Consulate in Chicago also made many contributions to the trial use and revision of this series.

In addition, we would like to give our special thanks to Mr. Cheng Tang, the former Vice Director of the Standing Committee of NOCFL and the Vice President of Beijing Language Institute. He made many critical proposals to us based on his careful study of all the Student's Books, the Teacher's Books and the Workbooks, and offered some invaluable suggestions.

At both the beginning and late stages of compiling this textbook series, NOCFL twice organized experts to examine and evaluate the textbook sample and the final draft. These experts, too, provided useful comments on the series. We are also grateful to them.

Compilers

June, 2003

Where is China?

长城(Chángchéng)
The Great Wall

天坛(Tiāntán)
The Temple of Heaven

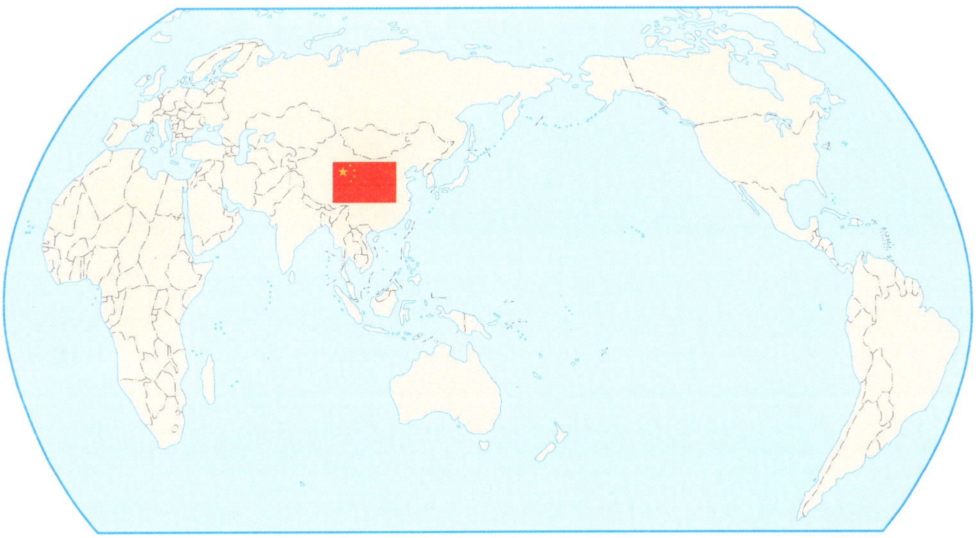

黄山(Huángshān)
The Yellow Mountains

兵马俑(bīngmǎyǒng)
Terracotta warriors and horses

What do you know about China?

熊猫(xióngmāo)
Pandas

唐三彩(tángsāncǎi)
Tang tricolour

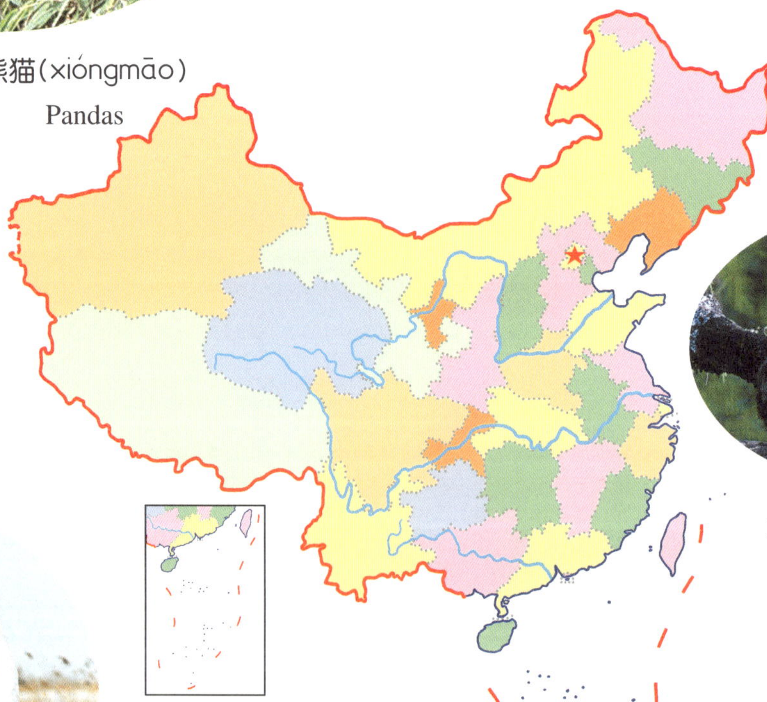

金丝猴(jīnsīhóu)
Golden monkeys

丹顶鹤(dāndǐnghè)
Red-crowned cranes

扬子鳄(yángzǐ'è)
Chinese alligator

蜡染(làrǎn)
Wax printing

Enjoy the Chinese Knot and Try to Make One

The Chinese knot is one of China's unique folk arts. This traditional hand made folk art is made of rope or string. It has many distinctive shapes and splendid colors. Each basic type is given a name according to its shape and meaning. Chinese knots are rich in cultural symbolism. For example, the ten thousand blessing knot is also called the knot of dreams coming true and symbolizes good fortune and best wishes.

万字结(wànzìjié)
Ten thousand blessing knot

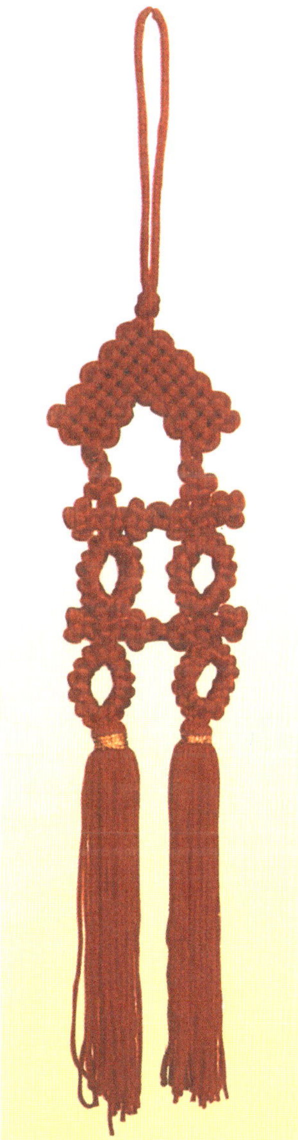

双喜结(shuāngxǐjié)
Double happiness knot

草花结(cǎohuājié)
Straw flower knot

团圆结(tuányuánjié)
Togetherness knot

CONTENTS

Unit Five Food and Clothing 138

Unit Six Sports and Health 172

Appendix 207

Chinese Phonetic Transcription (*Pinyin*)

1. Formula for the Chinese Phonetic Transcription (*Pinyin*).

initials	b p m f	d t n l
	g k h	j q x
	zh ch sh r	z c s

finals	simple finals	a	o	e	i	u	ü
	compound finals	ai ao	ou	ei	ia ie iao iou	ua uo uai uei	üe
	nasal compound finals	an ang	ong	en eng	ian in iang ing iong	uan uen uang ueng	üan ün

2. Tones.

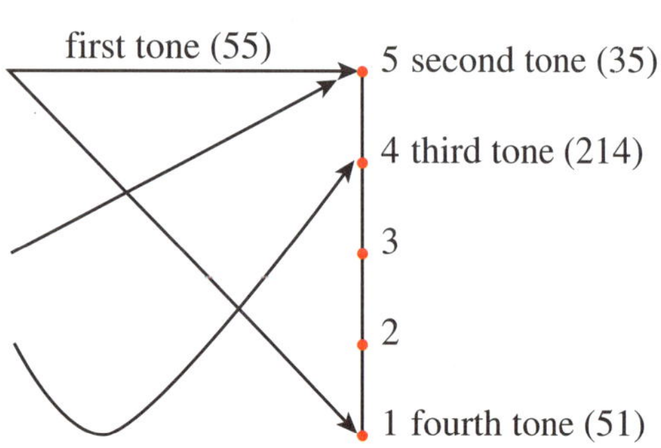

3. A Chinese syllable is made up of initials, finals and a tone. For example:

initials	finals	tones	syllables
n	i	ˇ	nǐ
h	ao	ˇ	hǎo

4. **A difference in tone means a difference in meaning.**

mā (mum)

má (flax)

mǎ (horse)

mà (to swear)

wēn (lukewarm)

wén (to smell)

wěn (to kiss)

wèn (to ask)

fāng (square)

fáng (house)

fǎng (to visit)

fàng (put down)

qī (seven)

qí (to ride)

qǐ (get up)

qì (angry)

Unit One

School, Classmates and Teachers

Look and Say

1 你好
nǐ hǎo

Wang Jiaming, a freshman, is meeting his classmate for the first time.

家明：你好！	Jiāmíng: Nǐ hǎo.
大卫：你好！	Dàwèi: Nǐ hǎo.
家明：我叫王家明。	Jiāmíng: Wǒ jiào Wáng Jiāmíng.
大卫：我叫大卫。	Dàwèi: Wǒ jiào Dàwèi.

New words

1. 你	nǐ	(pron.)	you
2. 好	hǎo	(adj.)	good
3. 我	wǒ	(pron.)	I; me
4. 叫	jiào	(v.)	call; name

Proper nouns

- 王家明 Wáng Jiāmíng Wang Jiaming
- 大 卫 Dàwèi David

Read, then practice with a partner.

On your own: Complete the following dialogues.

A: Nǐ hǎo, wǒ _____ Emma Williams.

B: __________ , __________ Alice Harris.

A: Zǎoshang hǎo, Bob.

B: __________ , Charlie.

Class activity

Do you have a Chinese name? If you don't, choose one for yourself. If you do, write it on the blackboard and tell us what does it mean.

common boy's names

家 jiā family	伟 wěi great	军 jūn army
明 míng bright	光 guāng light	凯 kǎi victorious

common girl's names

美 měi beautiful	芳 fāng fragrant	淑 shū fair, kind and gentle
云 yún cloud	梅 méi plum	娟 juān graceful

---

① Good morning.

② Good evening.

Phonetics

1. Read the following sounds.

initials	finals	tones	syllables	
	uo	ˇ	wǒ	
j	iao	ˋ	jiào	wǒ jiào
	uang	ˊ	wáng	
j	ia	ˉ	jiā	
m	ing	ˊ	míng	wáng jiāmíng
d	a	ˋ	dà	
	uei	ˋ	wèi	dà wèi

2. Rules of the Chinese Phonetic Transcription (*Pinyin*).

(1) Special syllables

special syllables	syllables that contain liaison of the initial and the final	zi ci si	zhi chi shi ri	
	syllables without initials (zero initials)	yi (-i) ye (-ie) yin (-in) ying (-ing)	wu (-u) wa (-ua) wai (-uai) wei (-uei) wo (-uo) wang (-uang) weng (-ueng)	yu (-ü) yun (-ün) yue (-üe) yuan (-üan)

(2) Tone sandhi

original tones	actual tones
nǐ + hǎo	ní hǎo When two characters of the third tone are joined together, the first one is pronounced with a second tone.

Can you sing it?

The Chinese Phonetic Alphabet Song

Chinese characters

Here are some examples of different kinds of Chinese characters. Can you spot the difference between each line of characters?

王	大	卫	我
你	好	明	叫
家			

2 再见
zàijiàn

林老师：同学们好！　　Lín lǎoshī: Tóngxuémen hǎo!

同学们：老师好！　　Tóngxuémen: Lǎoshī hǎo!

林老师：同学们再见！　　Lín lǎoshī: Tóngxuémen zàijiàn!

同学们：林老师再见！　　Tóngxuémen: Lín lǎoshī zàijiàn!

New words

1. 同学 tóngxué (n.) classmate [1]
2. 们 men (suf.) suffix [2]
3. 老师 lǎoshī (n.) teacher [3]
4. 再见 zàijiàn (v.) see you; good-bye

Proper noun

- 林（老师）

  Lín (lǎoshī)

  a surname

Classroom Chinese

- Xiànzài shàng kè! Let's begin class.
- Xiànzài xià kè! Class is over.

Read, then practice with a partner.

---

① Here a form of address used in speaking to a student.

② Suffix used to form a plural number when added to a personal pronoun or a noun referring to a person (not used when the pronoun or noun is preceded by a numeral or an intensifier).

③ Here sir or madam.

④ See you tomorrow.

On your own: Connect the following people with what they say.

lǎoshī	Lǎoshī hǎo!
tóngxuémen	Lǎoshī zàijiàn!
	Tóngxuémen hǎo!
	Tóngxuémen zàijiàn!

Class activity

1. Go around the room. Practice greeting classmates and then saying good-bye.
2. Make a Chinese paper pinwheel.

Phonetics

1. Listen to the tape, and then complete the following exercises.

(1) Write down the syllables (including the tones) you hear, and then read them out.

(2) Answer the following questions: Who is talking? What are they talking about?

2. The combinations of the initials b, p, m, f and the finals a, o, e. Read the combinations in four tones.

	a	ai	ao	an	ang	o	ou	e	ei	en	eng
b	ba	bai	bao	ban	bang	bo			bei	ben	beng
p	pa	pai	pao	pan	pang	po	pou		pei	pen	peng
m	ma	mai	mao	man	mang	mo	mou	me	mei	men	meng
f	fa			fan	fang	fo	fou		fei	fen	feng

3. **Listen to the tape, and then choose the syllables you hear.**

bā	bài	máo	máng
pā	pài	mái	fáng

bèi	mén	bēng	móu
mèi	fēn	péng	pōu

Chinese characters

Can you spot the difference between each line of Chinese characters?

再	见	
林	师	们
老	学	同

3 我是王家明

wǒ shì wáng jiā míng

Wang Jiaming comes to a biology class first time.

家　明：林老师好！

　　　　我是王家明。

林老师：你好！

Jiāmíng: Lín lǎoshī hǎo!

　　　　Wǒ shì Wáng Jiāmíng.

Lín lǎoshī: Nǐ hǎo!

The teacher groups Wang Jiaming, Mary and Jack together to conduct an experiment and now they get to know each other.

林老师：她是玛丽，

　　　　他是杰克。

家　明：你们好！

玛丽、杰克：你好！

Lín lǎoshī: Tā shì Mǎlì,

　　　　Tā shì Jiékè.

Jiāmíng: Nǐmen hǎo!

Mǎlì、Jiékè: Nǐ hǎo!

New words

1. 是	shì	(v.)	be(is/am/are)
2. 她	tā	(pron.)	shc
3. 他	tā	(pron.)	he
4. 你们	nǐmen	(pron.)	you(plural)

Proper nouns

- 玛丽 Mǎlì Mary
- 杰克 Jiékè Jack

Classroom Chinese

- Qǐng gēn wǒ shuō! Please say it after me.

Read, then practice with a partner.

On your own: Practice introducing two friends to each other.

Nǐ hǎo, tā shì ________ , tā ________ .

Nǐ hǎo, tā shì ________ , tā ________ .

Class activity: Who are you?

Use a "fake" name to introduce yourself to your partner. See if he can guess who you are.

Phonetics

1. Listen to the tape, and then complete the following exercises.

(1) Write down the syllables (including the tones) you hear, and then read them out.

(2) Answer the following questions: How many people are talking? Who are they?

2. The combinations of the initials b, p, m, f and the finals i, u. Read the combinations in four tones.

	i	ie	iao	ian	in	ing	u
b	bi	bie	biao	bian	bin	bing	bu
p	pi	pie	piao	pian	pin	ping	pu
m	mi	mie	miao	mian	min	ming	mu
f							fu

3. **Listen to the tape, and then choose the syllables you hear.**

bí	biē	biǎo	biān
pí	piē	piào	piàn
mí	miē	miào	miǎn

bá	bǔ	bìn	bīng
pá	fǔ	pìn	pīng
má	mǔ	mǐn	míng

Learn to write

Can you spot the difference between each line of Chinese characters?

丽		
玛		
是	杰	克

4 谢谢

xiè xie

老师：谢谢你！

家明：不客气。

Lǎoshī: Xièxie nǐ!

Jiāmíng: Bú kèqi.

老师：你叫什么名字？

家明：我叫王家明。

Lǎoshī: Nǐ jiào shénme míngzi?

Jiāmíng: Wǒ jiào Wáng Jiāmíng.

家明：老师再见。

老师：再见。

Jiāmíng: Lǎoshī zàijiàn.

Lǎoshī: Zàijiàn.

New words

1. 谢谢	xièxie	(v.)	thank
2. 不客气	bú kèqi		You're welcome.
3. 什么	shénme	(pron.)	what
4. 名字	míngzi	(n.)	name

Classroom Chinese

- Qǐng kàn hēibǎn! Please look at the blackboard.

Read, then practice with a partner.

On your own: Complete the following sentences.

Nǐ hǎo, wǒ jiào Cathy. Nǐ jiào ________ ?

Nǐ hǎo, wǒ jiào Julia. Nǐ ________ ?

A: Xièxie!

B: ______________ .

A: ______________ !

B: Bú kèqi.

Class activity: Getting to know new friends.

The students walk casually around the classroom, pretending not to know each other, while the teacher taps the table, gradually increasing the tempo until coming to a sudden stop. The two students closest to each other must begin to introduce themselves.

Phonetics

1. Listen to the tape, and then complete the following exercises.

(1) Write down the syllables (including the tones) you hear, and then read them out.

(2) Answer this question: What are the persons in the two dialogues talking about?

2. The combinations of the initials d, t, n, l and the finals a, o, e. Read the combinations in four tones.

	a	ai	ao	an	ang	ou	ong	e	ei	en	eng
d	da	dai	dao	dan	dang	dou	dong	de	dei	den	deng
t	ta	tai	tao	tan	tang	tou	tong	te			teng
n	na	nai	nao	nan	nang	nou	nong	ne	nei	nen	neng
l	la	lai	lao	lan	lang	lou	long	le	lei		leng

3. Listen to the tape, and then choose the syllables you hear.

dǎ	nài	dāo	náng
tǎ	lài	tāo	láng
lā	dài	láo	táng

děi	nèn	dān	nóng
děng	néng	dāng	tóng
téng	lèng	tāng	lóng

4. Read the phrases below and pay attention to tone sandhi.

bù'ān
unease

bù lái
not to come

bù děng
not to await

bú yào
not to want

Learn to write

1. General introduction to Chinese characters

Chinese characters are a written language that transcribes spoken Chinese. Because they occupy a square shape, we call them "square-shaped characters". Each Chinese character is composed of several different strokes, and the number of strokes varies greatly with each different character. The Chinese character is one of the oldest writing systems in the world. During its long history, the shape they have taken has evolved continuously, but at the core it remains the same as when it was first invented.

2. The evolution of characters

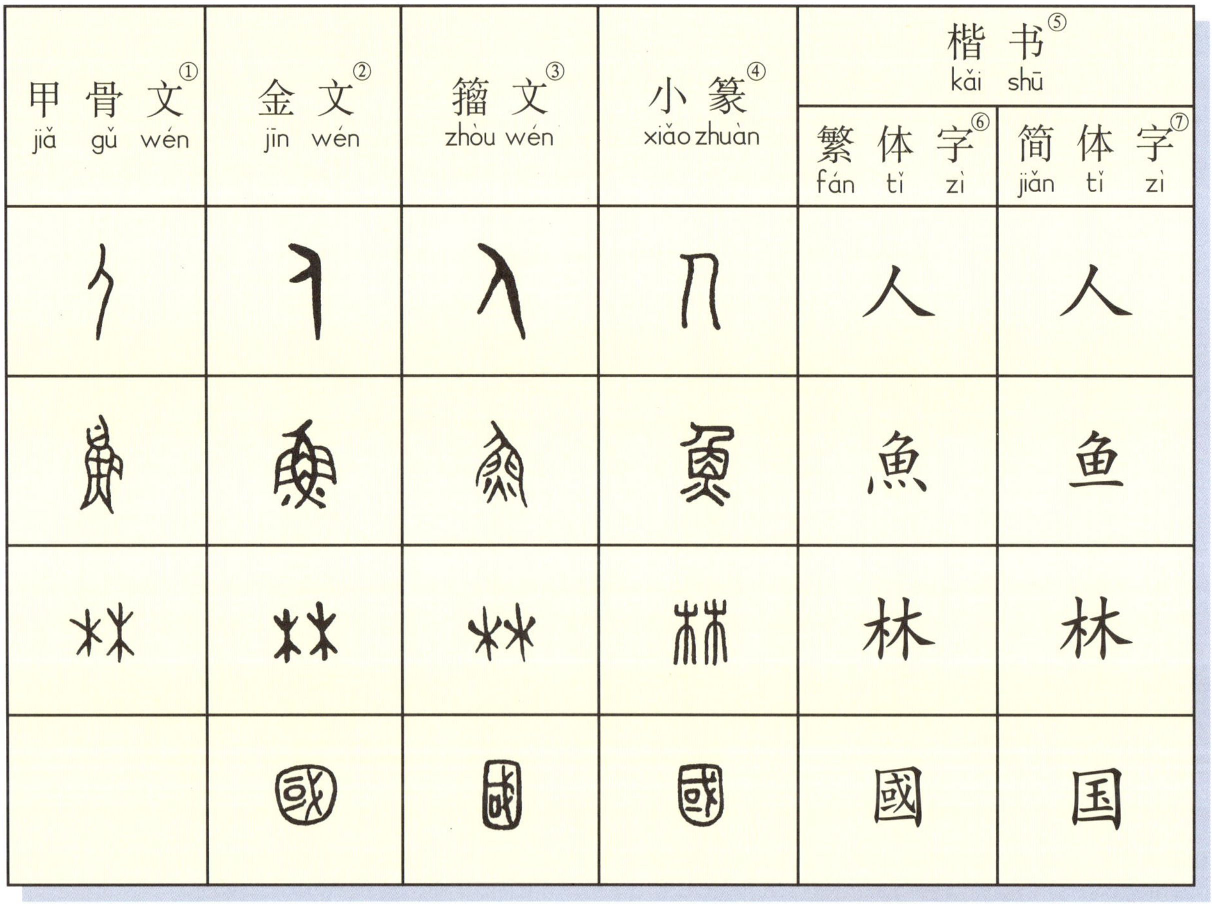

① Inscriptions on shells & bones.

② Inscriptions on ancient bronze objects.

③ Ancient style of calligraphy, current in the Zhou Dynasty (11th century BC-256 BC).

④ An ancient style of calligraphy, adopted in the Qin Dynasty for the purpose of standardizing the Chinese script.

⑤ Regular script.

⑥ Traditional characters.

⑦ Simplified characters.

3. Structure of Chinese characters

么	气	不	什
谢	名	字	客

4. Strokes of Chinese characters

Since the Chinese character is made up of different strokes, we'd like to introduce you some of the basic strokes.

stroke pictures	丶	一	丨
names	diǎn dot stroke	héng horizontal line	shù vertical line
stroke directions	↘	→	↓
examples	家 丽	王 大	王 们

5. Tell the names of the following strokes.

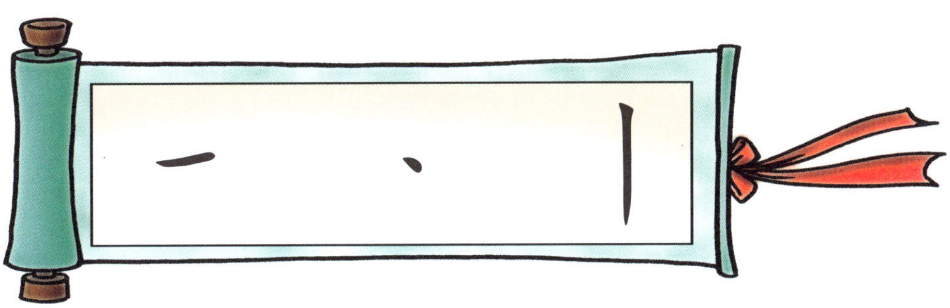

5 她们是学生吗

tā men shì xué sheng ma

At the school art festival, the principal is presenting awards after the girls finished their performance. Wang Jiaming is asking Jack who they are.

家明：她们是学生吗？	Jiāmíng: Tāmen shì xuésheng ma?
杰克：是，她们是学生。	Jiékè: Shì, tāmen shì xuésheng.
家明：他是老师吗？	Jiāmíng: Tā shì lǎoshī ma?
杰克：不，他不是老师， 他是校长。	Jiékè: Bù, tā bú shì lǎoshī, tā shì xiàozhǎng.

New words

1. 她们	tāmen	(pron.)	they; them (female)
2. 学生	xuésheng	(n.)	student
3. 吗	ma	(pt.)	particle word [1]
4. 校长	xiàozhǎng	(n.)	headmaster; principal; (university or college) president

Classroom Chinese

- Qǐng dǎ kāi shū! Please open your books.

Read, then practice with a partner.

① Used at the end of a yes-no question.

On your own: Complete the following sentences.

A: Tāmen shì xuésheng ma?

B: Shì, ____________________ .

A: Tā shì lǎoshī ma?

B: Shì, ____________________ .

A: Tā shì xiàozhǎng ma?

B: Shì, ____________________ .

A: Tāmen shì lǎoshī ma?

B: Bù, ____________________ .

Class activity: Read my mind.

Write down the names of a teacher, a principal and a friend whom everyone is familiar with. Have a student choose one from the three, without telling anyone else. Have the other students try to guess which one the student has chosen.

the teacher's name	the principal's name	the friend's name

A: "Shì lǎoshī ma?" "Shì xiàozhǎng ma?" "Shì __________ ma? (the friend's name)"

B: "Shì, shì __________ ." " Bù, bú shì __________ ."

Phonetics

1. **Listen to the tape, and then complete the following exercises.**
   (1) Write down the syllables (including the tones) you hear, and then read them out.
   (2) Answer the following questions: What is the girl asking about? How does the boy respond?

2. **The combinations of the initials d, t, n, l and the finals i, u, ü. Read the combinations in four tones.**

	i	ie	iao	iou	ian	iang	in	ing	u	uei	uo	uan	uen	ü	üe
d	di	die	diao	diu	dian			ding	du	dui	duo	duan	dun		
t	ti	tie	tiao		tian			ting	tu	tui	tuo	tuan	tun		
n	ni	nie	niao	niu	nian	niang	nin	ning	nu		nuo	nuan		nü	nüe
l	li	lie	liao	liu	lian	liang	lin	ling	lu		luo	luan	lun	lü	lüe

3. **Listen to the tape, and then choose the syllables you hear.**

dí	niè	diào	dīng
tí	liè	tiào	tīng

nǚ	niū	nuǎn	niáng
lǚ	liū	luǎn	liáng

Learn to write

1. Structure of Chinese characters

Can you spot the difference between each line of Chinese characters?

生	长		
校	他	她	吗

2. Strokes of Chinese characters

stroke pictures	丿	㇏	㇖
names	piě left-falling stroke	nà right-falling stroke	héng gōu horizontal line and a hook
stroke directions	↙	↘	→
examples	家 大	校 长	学 好

3. Tell the names of the following strokes.

6 他们是我的朋友

tā men shì wǒ de péng you

Review

Jack and his classmates come to register themselves as volunteers for the community, and now he is introducing himself and his classmates to the staff member there.

你好，我叫杰克。他们是我的朋友，他叫王家明，她叫玛丽。我们是中学生。

Nǐ hǎo, wǒ jiào Jiékè. Tāmen shì wǒ de péngyou, tā jiào Wáng Jiāmíng, tā jiào Mǎlì. Wǒmen shì zhōngxuéshēng.

New words

1. 他们	tāmen	(pron.)	they; them (male)
2. 的	de	(pt.)	particle word ①
3. 朋友	péngyou	(n.)	friend
4. 我们	wǒmen	(pron.)	we; us
5. 中学生	zhōngxuéshēng	(n.)	high school student

① Used after an attribute, such as when the attribute is a personal pronoun or a name, as in the text.

Classroom Chinese

- Qǐng zài shuō yí biàn! Please say it again.

Read and match

他 tā	她 tā	他们 tā men	她们 tā men

On your own: Complete the following sentences.

A: Tāmen shì nǐ de péngyou ma?

B: Shì, ______________________ .

A: Tāmen shì nǐ de tóngxué ma?

B: Shì, ______________________ .

A: Tāmen shì nǐ de lǎoshī ma?

B: Shì, ______________________ .

A: Tāmen shì nǐ de péngyou ma?

B: Bù, ______________________ .

Class activity: Introduction.

Divide the class into several groups, each including 5-6 students. First have the students take turns introducing each other to the rest of the group, then have them choose one representative to introduce that group to the whole class.

Can you sing it?

找 朋 友
zhǎo péng you

Zhǎo ya zhǎo ya zhǎo péngyou, — **I'm looking for a friend.**

zhǎo dào yí ge hǎo péngyou. — **I've found a good one.**

Jìng ge lǐ ya wò wo shǒu, — **Salute and shake hands.**

nǐ shì wǒ de hǎo péngyou, zàijiàn! — **You are my good friend. Good-bye.**

Phonetics

1. Listen to the tape, and then complete the following exercises.

(1) Write down the syllables (including the tones) you hear, and then read them out.

(2) Answer the following questions: What's the teacher's surname? Whose friend is Mary? Are Tom and Emily college students?

2. Combinations of the initials and the finals.

(1) The combinations of the initials g, k, h, j, q, x and the finals u, ü. Read the combinations in four tones.

	u	ua	uai	ui	uo	uan	uen	uang	ü	üe	üan	ün
g	gu	gua	guai	gui	guo	guan	gun	guang				
k	ku	kua	kuai	kui	kuo	kuan	kun	kuang				
h	hu	hua	huai	hui	huo	huan	hun	huang				
j									ju	jue	juan	jun
q									qu	que	quan	qun
x									xu	xue	xuan	xun

(2) The combinations of the initials g, k, h, j, q, x and the final a, e, i. Read the combinations in four tones.

	a	ai	ao	an	ang	e	ei	en	eng	ou	ong	i	ia	ie	iao	iou	ian	iang	in	ing	iong
g	ga	gai	gao	gan	gang	ge	gei	gen	geng	gou	gong										
k	ka	kai	kao	kan	kang	ke	kei	ken	keng	kou	kong										
h	ha	hai	hao	han	hang	he	hei	hen	heng	hou	hong										
j												ji	jia	jie	jiao	jiu	jian	jiang	jin	jing	jiong
q												qi	qia	qie	qiao	qiu	qian	qiang	qin	qing	qiong
x												xi	xia	xie	xiao	xiu	xian	xiang	xin	xing	xiong

3. Listen to the tape, and then choose the syllables you hear.

gù guā guǒ guàn

kù kuā kuò kuān

hù huā huǒ huàn

jī jūn jià jiǎng

qī qún qià qiǎng

xī xún xià xiǎng

Learn to write

1. Structure of Chinese characters

中	友	朋

2. Strokes of Chinese characters

There are altogether 6 basic strokes in Chinese characters, but sometimes they also have variants. The following are some of the examples.

stroke pictures	亅	㇀	㇕	㇆
names	shù gōu vertical line with a hook	tí rising stroke	héng zhé horizontal line and then a turning	héng zhé gōu horizontal line and then a down turning with a hook
stroke directions	↓	↗	→↓	→↓
examples	你	我	明 叫	也 们

UNIT SUMMARY

FUNCTIONAL USAGE

1. Greetings

你 好！
nǐ hǎo

您 好！
nín hǎo

你 们 好！
nǐ men hǎo

同 学 们 好！
tóng xué men hǎo

老 师 好！
lǎo shī hǎo

2. Expressing gratitude

谢 谢。
xiè xie

不 客 气！
bú kè qi

3. Saying farewell

再 见！
zài jiàn

4. Introducing oneself

我 叫……
wǒ jiào

我 是……
wǒ shì

5. Inquiring about others

你 叫 什 么 名 字？
nǐ jiào shén me míng zi

他 是 学 生 吗？
tā shì xué sheng ma

6. Introducing others

他 是……
tā shì

她 是……
tā shì

他 们 是……
tā men shì

她 们 是……
tā men shì

GRAMMAR FOCUS

Sentence pattern	Example
1. 你 好 nǐ hǎo	你 好！你 们 好！ nǐ hǎo nǐ men hǎo
2. 我 叫…… wǒ jiào	我 叫 杰 克。 wǒ jiào jié kè 我 叫 王 家 明。 wǒ jiào wáng jiā míng
3. 我 是…… wǒ shì	我 是 学 生。 wǒ shì xué sheng 我 是 老 师。 wǒ shì lǎo shī
4. 是……吗？ shì ma	他 是 中 学 生 吗？ tā shì zhōng xué shēng ma 他 是 校 长 吗？ tā shì xiào zhǎng ma
5. 不 是…… bú shì	她 不 是 学 生。 tā bú shì xué sheng 他 们 不 是 中 学 生。 tā men bú shì zhōng xué shēng
6. ……的…… de	他 们 是 我 的 朋 友。 tā men shì wǒ de péng you 我 是 林 老 师 的 学 生。 wǒ shì lín lǎo shī de xué sheng

STROKES OF CHINESE CHARACTERS

stroke pictures	names	stroke directions	examples
丶	diǎn dot stroke	↘	家 丽
一	héng horizontal line	→	王 大
丨	shù vertical line	↓	王 们
丿	piě left-falling stroke	↙	家 大
㇏	nà right-falling stroke	↘	校 长
㇖	héng gōu horizontal line and a hook	→	学 好
亅	shù gōu vertical line and a hook	↓↖	你
㇀	tí rising stroke	↗	我
㇕	héng zhé horizontal line and then a turning	→↓	明 叫
㇆	héng zhé gōu horizontal line and then a down turning with a hook	→↓↖	他 们

Unit Two

Hanging out with My Friends

Look and Say

yī

èr

sān

sì

wǔ

liù

qī

bā

jiǔ

shí

7 他 是 谁
tā shì shuí

David is playing football when Wang Jiaming walks by, so David waves to him. The coach asks David something about Wang Jiaming.

教 练：他 是 谁？
jiào liàn tā shì shuí

大 卫：他 是 我 的 朋 友 王 家 明。
dà wèi tā shì wǒ de péng you wáng jiā míng

教 练：他 也 打 橄 榄 球 吗？
jiào liàn tā yě dǎ gǎn lǎn qiú ma

大 卫：不，他 不 打 橄 榄 球，他 打 篮 球。
dà wèi bù tā bù dǎ gǎn lǎn qiú tā dǎ lán qiú

New words

1. 教练	jiàoliàn	(n.)	coach; instructor
2. 谁	shuí	(pron.)	who
3. 也	yě	(adv.)	also; too
4. 打	dǎ	(v.)	play
5. 橄榄球	gǎnlǎnqiú	(n.)	American football
6. 篮球	lánqiú	(n.)	basketball

Classroom and daily Chinese

- Qǐng jìn! Please come in.
- Qǐng zuò! Please take a seat.
- Qǐng hē chá! Please have some tea.

Read aloud

dǎ wǎngqiú

dǎ yǔmáoqiú

dǎ bīngqiú

dǎ bàngqiú

dǎ pīngpāngqiú

dǎ páiqiú

On your own: Ask and answer questions based on the following pictures.

Example

A: Tā shì shuí?

B: Tā shì __________.

Conversation practice: Substitute the alternate words to make a new dialogue.

Example

A: Tā shì shuí?

B: Tā shì wǒ de péngyou Wáng Jiāmíng.

A: Tā yě dǎ wǎngqiú ma?

B: Shì, tā yě dǎ wǎngqiú.

1. Dàwèi	bàngqiú
2. Mǎlì	yǔmáoqiú
3. Língdá	páiqiú
4. Jiékè	bīngqiú

Class activity

Bring a picture of you and your friends and talk about what sports they like.

Tā shì shuí? Tā dǎ shénme qiú?

Phonetics

1. Listen to the tape, and then complete the following exercises.

(1) Write down the syllables (including the tones) you hear, and then read them out loud.

(2) Answer the following questions: Whose friend is Tom? What ball game does Tom play?

2. The combinations of initials, finals and tones.

(1) Pronounce the following syllables as a whole.

zhi	chi	shi	ri	zi	ci	si	er

(2) Combinations of initials zh, ch, sh, r, z, c, s and finals a, o. Read the combinations in four tones.

	a	ai	ao	an	ang	ou	ong
zh	zha	zhai	zhao	zhan	zhang	zhou	zhong
z	za	zai	zao	zan	zang	zou	zong
ch	cha	chai	chao	chan	chang	chou	chong
c	ca	cai	cao	can	cang	cou	cong
sh	sha	shai	shao	shan	shang	shou	
s	sa	sai	sao	san	sang	sou	song
r			rao	ran	rang	rou	rong

3. Listen to the tape, and then choose the syllables you hear.

zā　sǐ　chén　zhàng

cā　zǐ　shén　chàng

sā　cǐ　zhēn　shàng

rǎo　cāi　zhòu　zōng

shǎo　zāi　shòu　zhōng

chǎo　sāi　chòu　chōng

Learn to write

1. Structure of Chinese characters

也	谁	打	球
橄	榄	篮	

2. Stroke order of Chinese characters

Stroke order of Chinese character refers to the right order you should follow when writing a Chinese character. There are several rules for you to follow when writing different strokes.

(1) Horizontal line first, vertical line second; from top to bottom.

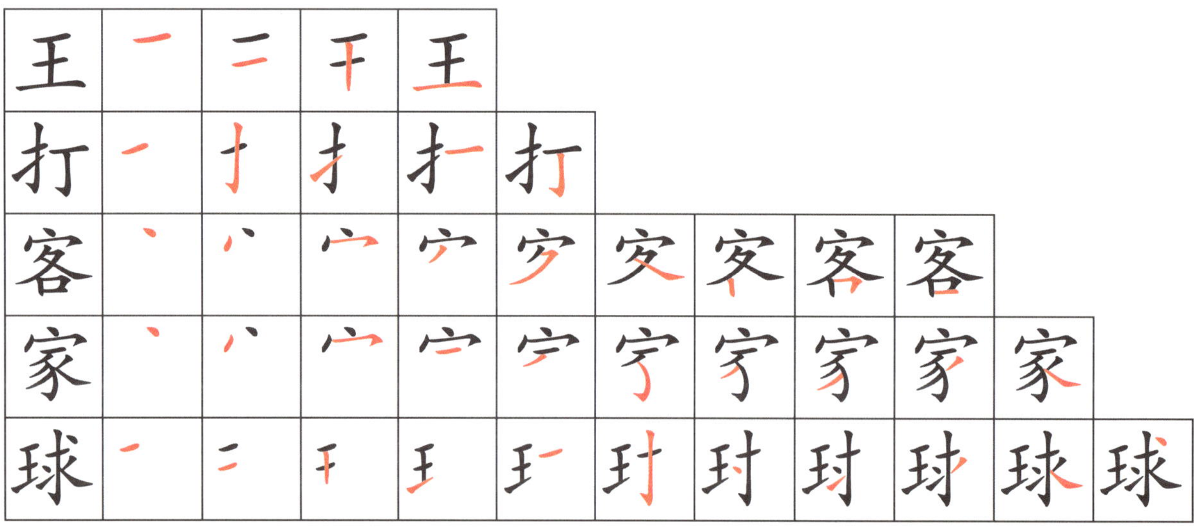

(2) From left to right; the down stroke to the left before the one to the right.

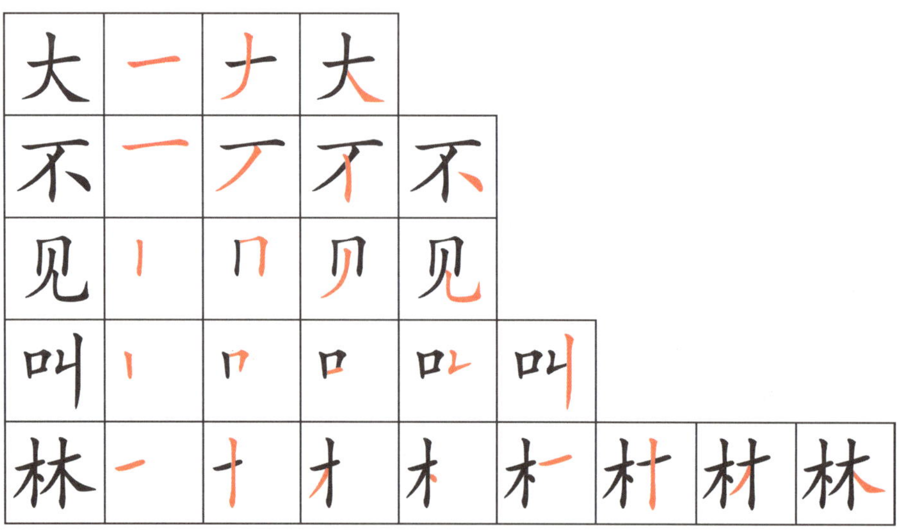

8 谁是你的好朋友
shuí shì nǐ de hǎo péng you

Wang Jiaming is talking with his father about his friends.

爸 爸：家 明，你 有 好 朋 友 吗？
bà ba jiā míng nǐ yǒu hǎo péng you ma

家 明：有 啊。
jiā míng yǒu a

爸 爸：谁 是 你 的 好 朋 友？
bà ba shuí shì nǐ de hǎo péng you

家 明：大 卫 是 我 的 好 朋 友，玛 丽 和 艾 米 丽 也 是 我 的 好 朋 友。
jiā míng dà wèi shì wǒ de hǎo péng you mǎ lì hé ài mǐ lì yě shì wǒ de hǎo péng you

爸 爸：他 们 都 学 汉 语 吗？
bà ba tā men dōu xué hàn yǔ ma

家 明：不，艾 米 丽 不 学 汉 语，她 学 法 语。
jiā míng bù ài mǐ lì bù xué hàn yǔ tā xué fǎ yǔ

New words

1. 有	yǒu	(v.)	have
2. 啊	a	(pt.)	particle word ①
3. 都	dōu	(adv.)	both; all
4. 学	xué	(v.)	learn; study
5. 汉语	Hànyǔ	(n.)	the Chinese language
6. 法语	Fǎyǔ	(n.)	the French language

Proper noun

- 艾米丽
  Àimǐlì
  Emily

Classroom Chinese

- Qǐng ānjìng! Please be quiet.
- Qǐng tīng wǒ shuō! Please listen to me.

Read aloud: What language are they studying?

Hànyǔ

Yīngyǔ

Fǎyǔ

Rìyǔ

Xībānyáyǔ

① Softening the tone of the sentence, but adding no meaning to it when appearing at the end of it.

On your own: Look at the example and then ask and answer questions according to the pictures.

Example

shūbāo

wénjùhé

qiānbǐ

Conversation practice: Substitute the alternate words to make a new dialogue.

Example

A: Nǐ yǒu hǎo péngyou ma?

B: Yǒu a. Wáng Jiāmíng shì wǒ de hǎo péngyou, Mǎlì yě shì wǒ de hǎo péngyou.

A: Tāmen dōu xué Hànyǔ ma?

B: Shì, tāmen dōu xué Hànyǔ.

1. Jim	Emma	xué Fǎyǔ
2. Bob	Stanley	xué Rìyǔ
3. Linda	Tom	dǎ lánqiú
4. Henry	Alice	dǎ wǎngqiú

Class activity

1. Possessions.

Make a list of your possessions, including classroom objects and personal items, then check with a partner.

A: Nǐ yǒu······ma?

B: Yǒu, wǒ yǒu······

(Méiyǒu, wǒ méiyǒu······)[1]

2. Let's make a Chinese paper fan!

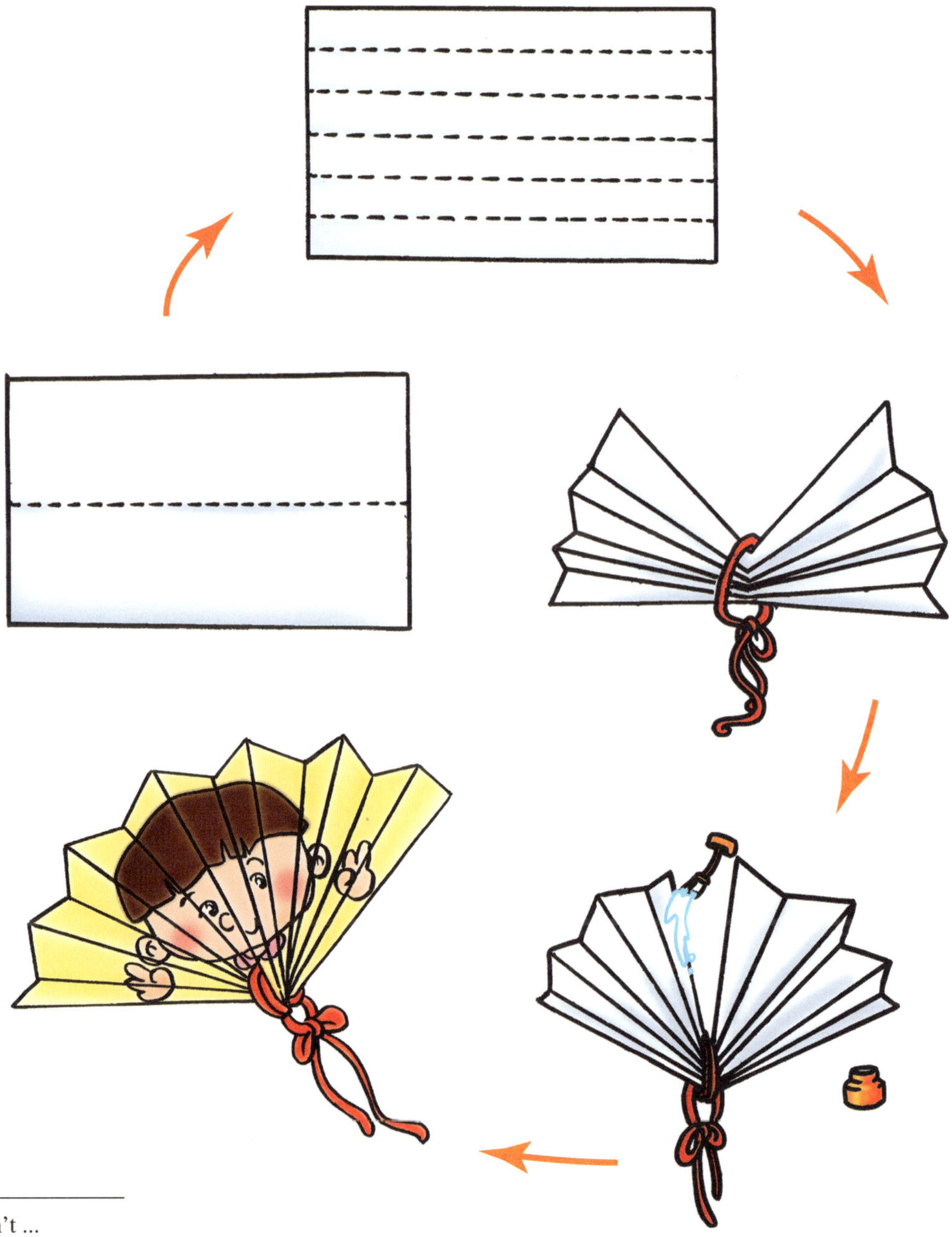

① I haven't ...

Phonetics

1. Listen to the tape, and then complete the following exercises.

(1) Write down the syllables (including the tone) you hear, and then read them.

(2) Answer the following questions: Does the boy have any good friends? Do the boy and his friends all study Chinese? Who doesn't study Chinese?

2. The combinations of initials zh, ch, sh, r, z, c, s, **and finals** e, u. **Read the combinations in four tones.**

	e	ei	en	eng	u	ua	uei	uai	uo	uan	uen	uang
zh	zhe	zhei	zhen	zheng	zhu	zhua	zhui	zhuai	zhuo	zhuan	zhun	zhuang
z	ze	zei	zen	zeng	zu		zui		zuo	zuan	zun	
ch	che		chen	cheng	chu	chua	chui	chuai	chuo	chuan	chun	chuang
c	ce		cen	ceng	cu		cui		cuo	cuan	cun	
sh	she	shei	shen	sheng	shu	shua	shui	shuai	shuo	shuan	shun	shuang
s	se		sen	seng	su		sui		suo	suan	sun	
r	re		ren	reng	ru		rui		ruo	ruan	run	

3. Listen to the tape, and then choose the syllables you hear.

cè	zhēn	zuǐ	zhuō
sè	shēn	shuǐ	chuō
rè	chén	ruǐ	shuō

zǔ	shū	zūn	cuàn
cū	shuā	chūn	zuàn
rǔ	shuāi	shùn	suàn

Learn to write

1. Structure of Chinese characters

都	汉	法	语
啊	有		

2. Stroke order of Chinese characters

(1) Middle precedes the two sides

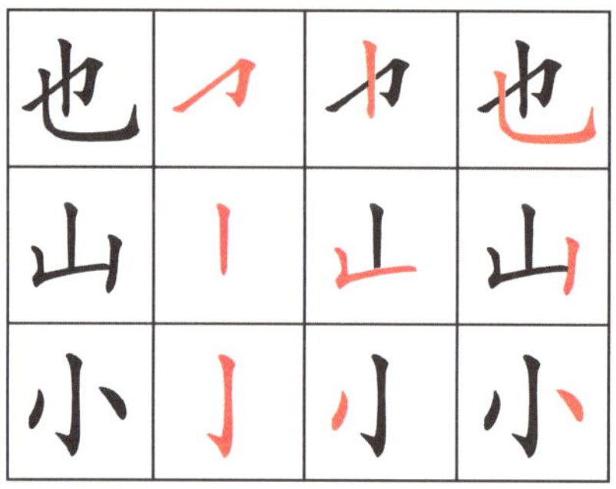

(2) Inside precedes the sealing stroke

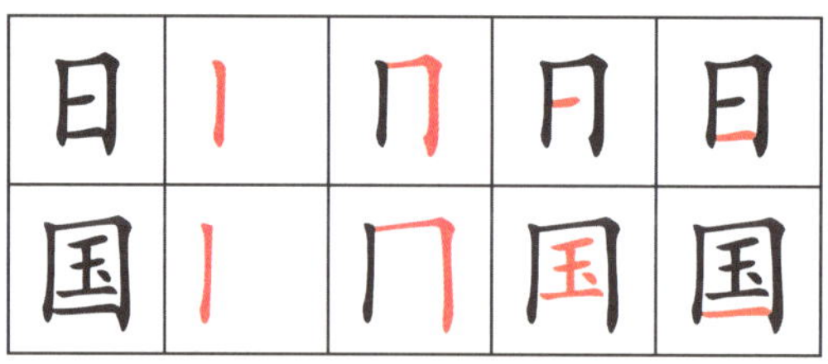

9 你有几张中文光盘
nǐ yǒu jǐ zhāng zhōng wén guāng pán

家明：大卫，你有几张中文光盘？
jiā míng dà wèi nǐ yǒu jǐ zhāng zhōng wén guāng pán

大卫：我有3张中文光盘。
dà wèi wǒ yǒu sān zhāng zhōng wén guāng pán

家明：杰克，你有几张？
jiā míng jié kè nǐ yǒu jǐ zhāng

杰克：我没有中文光盘。
jié kè wǒ méi yǒu zhōng wén guāng pán

New words

1. 几	jǐ	(pron.)	how many
2. 张	zhāng	(m.)	measure word ①
3. 中文	Zhōngwén	(n.)	Chinese
4. 光盘	guāngpán	(n.)	disks; CDs
5. 没有	méiyǒu	(v.)	not to have; don't have

Classroom Chinese

- Qǐng jǔ shǒu! Please raise your hand.
- Shǒu fàng xià! Please put down your hand.

Can you count to ten on one hand?

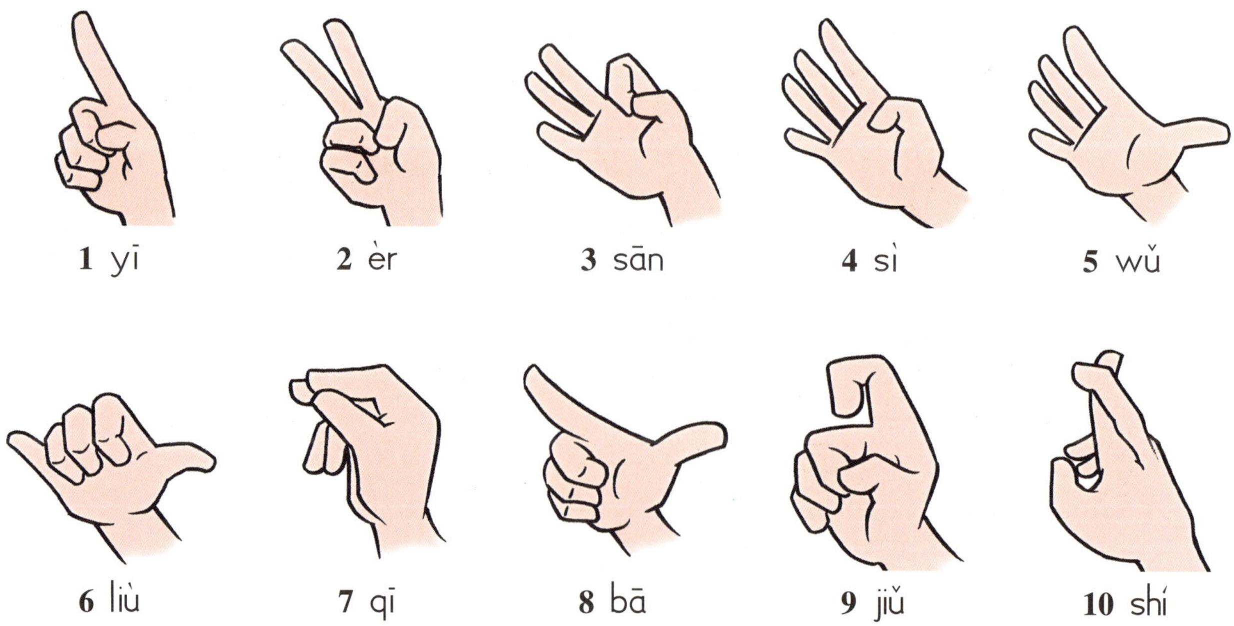

① Used for disks, paper, tickets, etc.

On your own

1. Look at the example and then make conversations according to the pictures.

Example

huàr

guāngpán

zhàopiàn

2. Who has more? Give the results of the comparison.

Wǒ yǒu wǔ zhāng guāngpán.	Wǒ yǒu shí zhāng guāngpán.
Wǒ yǒu sān ge shūbāo.	Wǒ yǒu liǎng ge shūbāo.
Wǒ yǒu sì ge wénjùhé.	Wǒ yǒu bā ge wénjùhé.
Wǒ yǒu liù ge hǎo péngyou.	Wǒ yǒu yí ge hǎo péngyou.

Class activity

1. Telephone book: Make a list of names and phone numbers of classmates.

2. Flying chess of Chinese (see the appendix).

Phonetics

1. Listen to the tape, and then complete the following exercises.

(1) Write down the syllables you hear.

(2) Answer the following questions: How many students does Mrs. Lin have? How many Chinese disks does the boy have?

2. Read the phrases below and pay attention to the tone sandhi.

yì bēi

(a glass of ···)

yì píng

(a bottle of ···)

yì wǎn

(a bowel of ···)

yí zuò

(a measure word for mountains etc.)

3. The comparison of combinations between zh, ch, sh, r and j, q, x. Read the combinations in four tones.

Final / Initial	-i[ɿ,ʅ]	a	o	e	er	ai	ei	ao	ou	an	en	ang	eng	ong
j														
q														
x														
zh	zhi	zha		zhe		zhai	zhei	zhao	zhou	zhan	zhen	zhang	zheng	zhong
ch	chi	cha		che		chai		chao	chou	chan	chen	chang	cheng	chong
sh	shi	sha		she		shai	shei	shao	shou	shan	shen	shang	sheng	
r	ri			re				rao	rou	ran	ren	rang	reng	rong

Final / Initial	i	ia	ie	iao	iou	ian	in	iang	ing	iong	u	ua	uo	uai
j	ji	jia	jie	jiao	jiu	jian	jin	jiang	jing	jiong				
q	qi	qia	qie	qiao	qiu	qian	qin	qiang	qing	qiong				
x	xi	xia	xie	xiao	xiu	xian	xin	xiang	xing	xiong				
zh											zhu	zhua	zhuo	zhuai
ch											chu	chua	chuo	chuai
sh											shu	shua	shuo	shuai
r											ru	rua	ruo	

4. Convert the following children's song into a rap.

一	只	青	蛙	一	张	嘴，
yì	zhī	qīng	wā	yì	zhāng	zuǐ
两	只	眼	睛	四	条	腿。
liǎng	zhī	yǎn	jing	sì	tiáo	tuǐ
两	只	青	蛙	两	张	嘴，
liǎng	zhī	qīng	wā	liǎng	zhāng	zuǐ
四	只	眼	睛	八	条	腿。
sì	zhī	yǎn	jing	bā	tiáo	tuǐ

One frog, one mouth, two eyes, four legs.
Two frogs, two mouths, four eyes, eight legs.

Learn to write

1. Structure of Chinese characters

几	光	文
张	没	盘

2. Components of Chinese characters

Some Chinese characters must be treated as a whole, that is to say, they cannot be torn apart any further, such as “王” “卫” and “大”;while others are made up of several components, that is to say, they can be further divided, such as “你” “明” “家” and “谢”。“你” → “亻” + “尔”; “明” → “日” + “月”; “家” → “宀” + “豕”; “谢” → “讠” + “身” + “寸”。

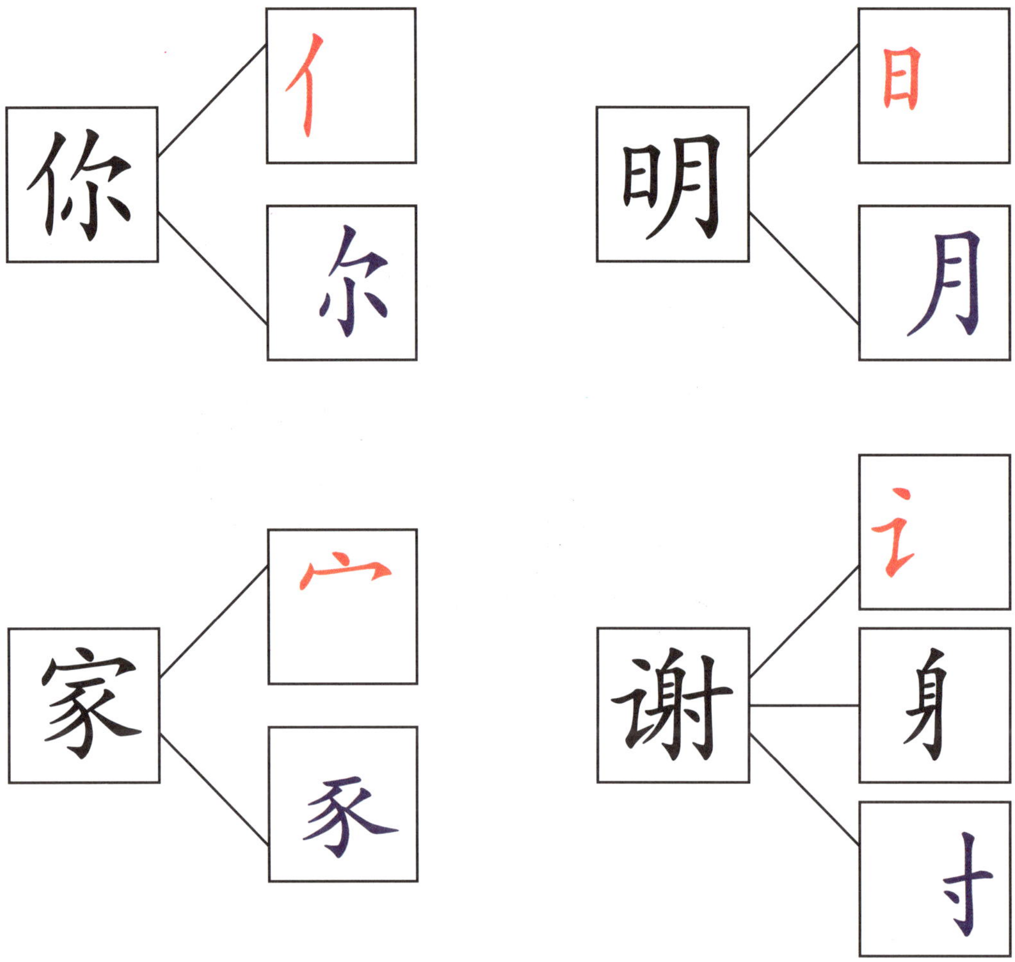

The smallest structure after the division is called components. There are many components, but now we will only introduce you a few of them.

글로벌 중국어 I, II, III, IV』 회화교재 소개

>>주편　:쭈찌핑(朱志平)박사, 천바(陈绂)
북경사범대학 교수　미국, 폴란드 대학 교수 역임

>>편집　:쉬차이화 (徐彩华)박사
북경사범대학교수

>>책임감수 :뤼다(吕达)박사
북경사범대학 교수 ,중국국가 교육협회이사장, 학술위원

>>번역감수 :강강원(姜罡远)박사
한국 중국어 교육 연합 광주지부장,한국 외국어대학

한중교류출판사 (중국어학원,유학원)는 전국에서 최초로 유일하게 중국국가편찬, 세계보급용 교재 [글로벌 중국어 I, II, III, IV]학원 전용 교재를 번역해, 전국적 으로 보급하고 있습니다.

[글로벌 중국어 I, II, III, IV] 교재는 중국 국가에서 편찬하고 이 교재를 만드는 데 참여한 중국국가 공무원, 교육 담당관(중국한반원상무주임, 북경어언학원 부원장 정당)등과 (캐나다 벤쿠버 중국 총영사관 교육참찬 허림, 캐나다 토론토총영사관 교육참찬 장국경, 미국 시카고 총영사관 교육조의 강파, 주굉청)캐나다, 미국 등 미주지역　현지교사(Jean Heath, Kate Mc Meiken, Tian Du, Chong Fu Tan, 왕헌은, 이건일, 고석명, 재대기 ... ...)등
40여분이 참여하여 만들어 중국 국가적이며 세계적인 회화 교재입니다.

[글로벌 중국어 I, II, III, IV] 책의 모든 편집의 구성이나 내용면에서 기존의 중국어교재를 수십배　능가하고 기술적, 학술적　면에서도 크게　우수성을 나타내고 있습니다. 이 교재의 주편 천바 교수는 미국 등 현지에서　중고등학교 정규 중국어 교재 또한 주편을 맡아서 편찬하고 있습니다.

본 학원에서　이 교재를 출판하고 번역하게된 것을 큰 영광으로 생각하고 있으며, 많은 독자들에게 살아있는 중국어를 접하고 배울 수 있는 기회를　부여하고, 또한 이 교재가 독자 여러분께 대륙으로, 세계로 진출하는 발판이 되었으면 합니다.

주소: 광주광역 동명동 248-2번지 대봉빌딩 4~6층
한중교류출판사,(중국어학원, 유학원)
대표전화: 062-224-8885　　팩스: 062-232-8886
연락처: 010-8518-8885　　http://cafe.naver.com/hanzhong21

3. Examples of components

部件 bù jiàn	甲骨文 jiǎ gǔ wén	金文 jīn wén	小篆 xiǎo zhuàn	楷书 kǎi shū	组字 zǔ zì
弓				弓	张
氵				水	没
口				口	叫
皿				皿	盘
亻				人	他

10 这是谁的钱包

zhè shì shuí de qián bāo

In the cafeteria, Wang Jiaming has just found a wallet on the floor.

店员：那是什么？
diàn yuán nà shì shén me

家明：是钱包！这是谁的钱包？
jiā míng shì qián bāo zhè shì shuí de qián bāo

女孩：是我的！
nǚ hái shì wǒ de

家明：钱包里有多少钱？
jiā míng qián bāo lǐ yǒu duō shao qián

女孩：38元钱。对吗？
nǚ hái sānshíbā yuán qián duì ma

家明：对，给你！
jiā míng duì gěi nǐ

女孩：谢谢你！
nǚ hái xiè xie nǐ

家明：不客气！
jiā míng bú kè qi

New words

1. 那	nà	(pron.)	that
2. 钱包	qiánbāo	(n.)	wallet; purse
3. 这	zhè	(pron.)	this
4. 里	lǐ	(n.)	in; inside
5. 多少	duōshao	(pron.)	how much; how many
6. 钱	qián	(n.)	money
7. 元	yuán	(m.)	measure word ①
8. 对	duì	(adj.)	yes; that's right ②
9. 给	gěi	(v.)	give

Classroom Chinese

- Hěn hǎo! Very good.
- Fēicháng hǎo! Very good. / Great.

Games of numbers

Did you know that you're already learned enough Chinese to count to 99?

1	2	3	4	5	6	7	8	9	10
11	12	13	14	15	16	17	18	19	20
21	22	23	24	25	26	……			30
31	32	33	34	35	……				40
41	42	43	44	……					50
51	52	53	……						60
61	62	……							70
71	……								80
81	……								90
91	……								100

a. Counting competition

Two people in a group take turns to count in Chinese. For instance, student A says "one", B "two", A "three", B "four" and so on and so forth until the number reaches one hundred. The faster one speaks, the better the game goes. After several practices, the entire class can have a timing competition in groups. The one that makes the fewest mistakes in the shortest time wins the game.

b. Neighboring numbers

The teacher will present a number, and the students will give the two neighboring numbers for that number. For example, if the teacher says "7", the students are supposed to say "6" and "8". The students can race to be the first to produce the right answers.

① Chinese monetary unit, similar to dollars.

② Here used for confirmation.

On your own

1. Complete the following sentences.

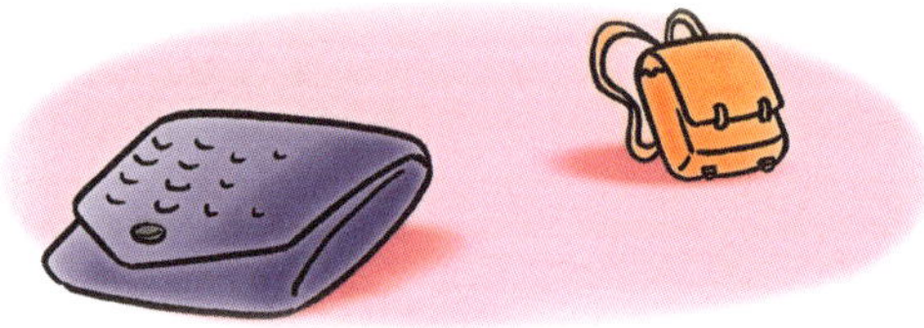

A: Zhè shì shénme?

B: Zhè shì ____________ .

A: Nà shì shénme?

B: Nà shì ____________ .

A: Zhè shì shénme?

B: _____ shì yì zhāng guāngpán.

A: Nà shì shénme?

B: _____ shì yì bǎi yuán qián.

2. Do the following calculations and read them out loud in Chinese.

20 + 35 = ________ 31 + 19 = ________

42 + 36 = ________ 45 + 55 = ________

Conversation practice: Substitute the alternate words to make a new dialogue.

Example

A: Zhè shì shuí de qiánbāo?

B: Zhè shì wǒ de qiánbāo.

C: Bù, zhè bú shì nǐ de, zhè shì wǒ de.

1. guāngpán	tā
2. shūbāo	Mǎlì
3. qiānbǐ	Jiékè

Class activity: Whose is it?

Have student split into groups of 5～6. One student should take a couple of the other students' pens, pencils, binders, etc, while they all keep their eyes closed. That student will then hold the items up one by one and have the other students guess whose it is.

A: Zhè shì shuí de wénjùhé?

B: Zhè shì wǒ de.

C: Bú duì. Zhè bú shì nǐ de,

zhè shì …… de.

D: Duì! Zhè shì wǒ de.

(The real owner should let the other students guess untill they figure out whose it is.)

Phonetics

1. Listen to the tape, and then complete the following exercises.

(1) Write down the syllables you hear.

(2) Answer the following questions: Is the wallet the girl's? How much money is there in the wallet? Is the sum of money the girl says right?

2. Listen to the tape, and then repeat what you hear. Pay attention to the tone sandhi.

3. Read the following tongue twister.

十 四 是 十 四，
shí sì shì shí sì

四 十 是 四 十。
sì shí shì sì shí

别 说 四 十 是 十 四，
bié shuō sì shí shì shí sì

别 说 十 四 是 四 十。
bié shuō shí sì shì sì shí

Fourteen is fourteen, forty is forty.
Don't say forty as fourteen.
Don't say fourteen as forty.

Learn to write

1. Structure of Chinese characters

里	少	元	多	对
给	钱	那	这	包

2. Examples of components

部件 bù jiàn	甲骨文 jiǎ gǔ wén	金文 jīn wén	小篆 xiǎo zhuàn	楷书 kǎi shū	组字 zǔ zì
钅				金	钱
女				女	她
子				子	好
门	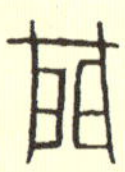			门(門)	们

11 祝你生日快乐
zhù nǐ shēng ri kuài lè

12 o'clock at noon, the students are preparing for the celebration of Wang Jiaming's birthday in the classroom. They want to give him a surprise. However, when Wang Jiaming enters the classroom, there is only Mrs. Lin there.

王家明：林老师，您好！
wáng jiā míng lín lǎo shī nín hǎo

林老师：你找谁？
lín lǎo shī nǐ zhǎo shuí

王家明：我找大卫和玛丽。
wáng jiā míng wǒ zhǎo dà wèi hé mǎ lì

林老师：他们不在这里。
lín lǎo shī tā men bú zài zhè lǐ

王家明：他们在哪里？
wáng jiā míng tā men zài nǎ li

David, Jack and Mary enter the classroom with a birthday cake.

大卫、杰克、玛丽：
dà wèi jié kè mǎ lì

我们在这里！
wǒ men zài zhè lǐ

祝你生日快乐！
zhù nǐ shēng ri kuài lè

New words

1. 您	nín	(pron.)	polite form of "you" (singular)
2. 找	zhǎo	(v.)	to find; to look for
3. 和	hé	(conj.)	and
4. 在	zài	(v.)	be
5. 这里	zhèlǐ	(pron.)	here
6. 哪里	nǎli	(pron.)	where
7. 祝	zhù	(v.)	offer good wishes; wish
8. 生日	shēngri	(n.)	birthday
9. 快乐	kuàilè	(adj.)	happy; joyous

Read, then practice with a partner.

A: Jiékè hé Mǎlì zài nǎli?

B: Tāmen zài nàli.

A: Wǒ de wénjùhé zài nǎli?

B: Nǐ de wénjùhé zài zhèlǐ.

A: Wǒ de qiānbǐ zài nǎli?

B: Nǐ de qiānbǐ bú zài zhèlǐ.

A: Wǒ de qiánbāo zài nǎli?

B: Nǐ de qiánbāo bú zài zhèlǐ.

Conversation practice: Substitute the alternate words to make a new dialogue.

1.

A: Nǐ zhǎo shuí?

B: Wǒ zhǎo Wáng Jiāmíng hé Mǎlì.

A: Tāmen bú zài zhèlǐ.

B: Tāmen zài nǎli?

A: Wǒ yě bù zhīdào.[1]

1.	Emma	Linda
2.	Jim	Sam
3.	Wáng xiàozhǎng	Lín lǎoshī

2.

A: Nǐ zhǎo shénme?

B: Wǒ zhǎo qiánbāo.

A: Nǐ de qiánbāo zài zhèlǐ.

B: Xièxie nǐ!

A: Bú kèqi!

1. wénjùhé
2. qiānbǐ
3. Zhōngwén guāngpán

Class activity

Now let's make a birthday card in Chinese for the student whose birthday is coming soon.

① I don't know, either.

Can you sing it?

祝 你 生 日 快 乐
zhù nǐ shēng ri kuài lè

Phonetics

1. Listen to the tape, and then complete the following exercises.

(1) Retell the story you hear.

(2) Answer these questions: Whom does the boy want to find? Did the boy find the person he was looking for?

2. Listen to the tape, and then repeat what you hear. Pay attention to the tone sandhi.

3. The following is a famous Chinese ancient poem. Can you follow the *Pinyin* to read it?

一 望 二 三 里，
yí wàng èr sān lǐ

烟 村 四 五 家。
yān cūn sì wǔ jiā

亭 台 六 七 座，
tíng tái liù qī zuò

八 九 十 枝 花。
bā jiǔ shí zhī huā

You can see two or three miles at one glance,
four or five houses with smoking chimneys.
Six or seven pavilions, and eight, nine or ten
flowers possibly.

Learn to write

1. Structure of Chinese characters

在	和	找	快
祝	哪	您	

2. Examples of components

部件 bù jiàn	甲骨文 jiǎ gǔ wén	金文 jīn wén	小篆 xiǎo zhuàn	楷书 kǎi shū	组字 zǔ zì
禾				禾	和
心				心	您
忄				心	快
扌				手	找
礻				示	祝
讠				言	谁

12 今天我很高兴

jīn tiān wǒ hěn gāo xìng

Review

Diary

今天是我的生日。我跟朋友们在一起。我们吃蛋糕，听音乐。大家都很高兴，我也很高兴。	Jīntiān shì wǒ de shēngrì. Wǒ gēn péngyoumen zài yìqǐ. Wǒmen chī dàngāo, tīng yīnyuè. Dàjiā dōu hěn gāoxìng, wǒ yě hěn gāoxìng.

New words

1.	今天	jīntiān	(n.)	today
2.	跟	gēn	(prep.)	with
3.	一起	yìqǐ	(n.)	together
4.	吃	chī	(v.)	eat; have
5.	蛋糕	dàngāo	(n.)	cake
6.	听	tīng	(v.)	listen (to)
7.	音乐	yīnyuè	(n.)	music
8.	大家	dàjiā	(pron.)	all, everybody
9.	很	hěn	(adv.)	very
10.	高兴	gāoxìng	(adj.)	happy; glad; cheerful

Classroom Chinese

- Qǐng dàshēng shuō! Please say it louder!

On your own: Match the following food with their *Pinyin*.

dàngāo

mǐfàn (boiled rice)

bǐsàbǐng (pizza)

qiǎokèlì (chocolate)

Conversation practice: Substitute the alternate words to make a new dialogue.

1. A: Jīntiān shì shuí de shēngri?

B: Jīntiān shì Jiāmíng de shēngri. Wǒmen chī dàngāo, tīng yīnyuè. Jiāmíng hěn gāoxìng, dàjiā dōu hěn gāoxìng.

1. Jim
2. Lín lǎoshī
3. Wáng xiàozhǎng

2. A: Nǐ gēn shuí zài yìqǐ?

B: Wǒ gēn péngyoumen zài yìqǐ. Wǒmen dōu hěn gāoxìng.

1. bàba
2. lǎoshīmen
3. lǎoshī hé tóngxuémen

Can you sing it?

我的朋友在哪里
wǒ de péng you zài nǎ li

Yī èr sān sì wǔ liù qī,	One two three four five six seven.
wǒ de péngyou zài nǎli?	Where are my friends?
Zài Běijīng, zài Shànghǎi,	In Beijing, in Shanghai.
wǒ de péngyou zài zhèlǐ.	My friends are here.

Phonetics

1. Listen to the tape, and then complete the following exercises.

(1) Retell the story you hear.

(2) Answer these questions: Who is having a birthday today? Who is very happy today? Whom is Mary with today? What does Mary do with her friends today?

2. Listen to the tape, and then repeat what you hear. Pay attention to the tone sandhi.

3. Read the following children's song in Chinese.

一	闪	一	闪	亮	晶	晶，
yì	shǎn	yì	shǎn	liàng	jīng	jīng
满	天	都	是	小	星	星，
mǎn	tiān	dōu	shì	xiǎo	xīng	xing
挂	在	天	上	放	光	明，
guà	zài	tiān	shang	fàng	guāng	míng
好	像	许	多	小	眼	睛。
hǎo	xiàng	xǔ	duō	xiǎo	yǎn	jing

Learn to write

1. Structure of Chinese characters

今	天	日	一	乐
起	吃	听	很	糕
蛋	音	兴	高	

2. Examples of components

部件 bù jiàn	甲骨文 jiǎ gǔ wén	金文 jīn wén	小篆 xiǎo zhuàn	楷书 kǎi shū	组字 zǔ zì
走				走	起
米				米	糕
木				木	林
又				又	友
日				日	明

UNIT SUMMARY

FUNCTIONAL USAGE

1. Inquiring about someone's identity

他 是 谁？
tā shì shuí

2. Talking about friends

你 有 好 朋 友 吗？
nǐ yǒu hǎo péng you ma

谁 是 你 的 好 朋 友？
shuí shì nǐ de hǎo péng you

3. Inquiring about the quantity of certain things

你 有 几 张 中 文 光 盘？
nǐ yǒu jǐ zhāng zhōng wén guāng pán

钱 包 里 有 多 少 钱？
qián bāo lǐ yǒu duō shao qián

4. Inquiring about the owner

这 是 谁 的 钱 包？
zhè shì shuí de qián bāo

5. Looking for someone

他 们 在 哪 里？
tā men zài nǎ li

6. Expressing one's mood and feelings

今 天 我 很 高 兴。
jīn tiān wǒ hěn gāo xìng

GRAMMAR FOCUS

Sentence pattern	Example
1. ……是谁 shì shuí	他是谁? tā shì shuí
2. ……(没)有…… méi yǒu	我有好朋友。 wǒ yǒu hǎo péng you 我没有好朋友。 wǒ méi yǒu hǎo péng you
3. 几…… jǐ	你有几张中文光盘? nǐ yǒu jǐ zhāng zhōng wén guāng pán 我有6张中文光盘。 wǒ yǒu liù zhāng zhōng wén guāng pán
4. 谁的…… shuí de	这是谁的钱包? zhè shì shuí de qián bāo
5. ……有多少…… yǒu duō shao	钱包里有多少钱? qián bāo lǐ yǒu duō shao qián
6. ……在…… zài	他们在这里。 tā men zài zhè lǐ 他们不在这里。 tā men bú zài zhè lǐ
7. ……和…… hé	大卫和玛丽在哪里? dà wèi hé mǎ lì zài nǎ li
8. 跟……在一起 gēn zài yì qǐ	我跟同学们在一起。 wǒ gēn tóng xué men zài yì qǐ
9. ……很高兴 hěn gāo xìng	玛丽很高兴。 mǎ lì hěn gāo xìng
10. ……也…… yě	王家明也很高兴。 wáng jiā míng yě hěn gāo xìng
11. ……都…… dōu	我们都很高兴。 wǒ men dōu hěn gāo xìng

STROKE ORDER OF CHINESE CHARACTERS

stroke order of Chinese characters	*examples*
(1) Horizontal precedes crossing vertical or down-stroke.	王 大 十
(2) From top to bottom.	三 客 家
(3) From left to right.	你 打 球
(4) Middle precedes the two sides.	小 水
(5) From outside to inside.	日 月 同
(6) Inside precedes the sealing stroke.	日 国

Unit Three

My Family and I

Look and Say

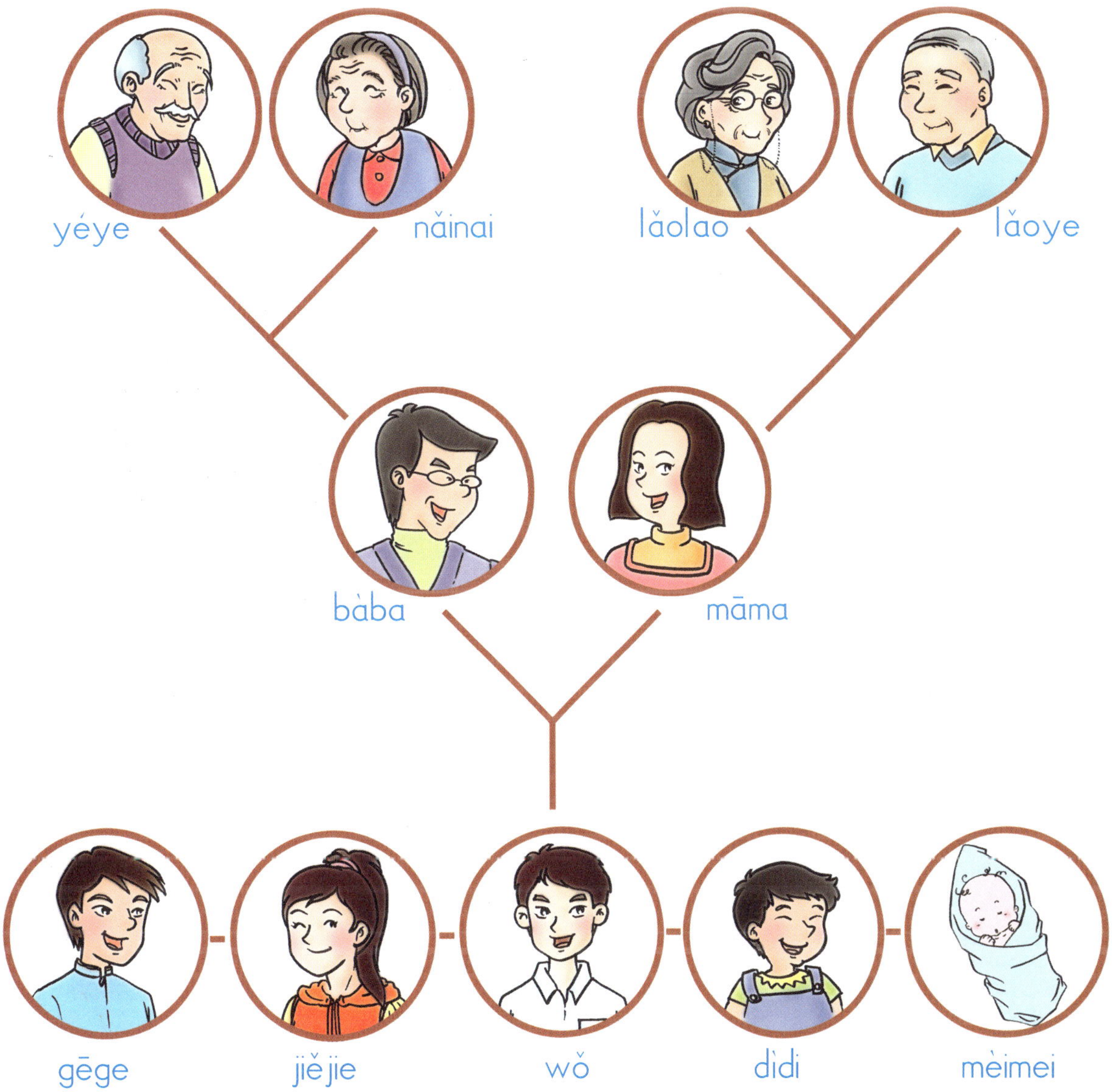

yì zhī gǒu

liǎng zhāng guāngpán

sān kuài qián

sì kǒu rén

13 你多大

nǐ duō dà

David and Wang Jiaming are reading an advertisement for a driving training course.

家明：大卫，你多大？
jiā míng dà wèi nǐ duō dà

大卫：我 15 岁。
dà wèi wǒ shí wǔ suì

家明：你学不学开车？
jiā míng nǐ xué bu xué kāi chē

大卫：当然。你呢，你是不是 14 岁？
dà wèi dāng rán nǐ ne nǐ shì bu shì shí sì suì

家明：对，我 14 岁。
jiā míng duì wǒ shí sì suì

New words

1. 多大	duō dà		how old
2. 岁	suì	(m.)	year (of age)
3. 开车	kāichē	(v.)	drive
4. 当然	dāngrán	(adv.)	certainly; of course

On your own: Ask and answer questions based on the following pictures.

A: 他 是 不 是 老 师?
tā shì bu shì lǎo shī

B: 是, 他 是 老 师。
shì tā shì lǎo shī

他 中 学 生
tā zhōng xué shēng

她 们 好 朋 友
tā men hǎo péng you

Conversation practice: Substitute the alternate words to make a new dialogue.

Example

A: Jim, 你 多 大?
nǐ duō dà

B: 我 15 岁。
wǒ shí wǔ suì

A: 你 学 不 学 开 车?
nǐ xué bu xué kāi chē

B: 当 然。你 呢?
dāng rán nǐ ne

A: 我 14 岁, 我 不 学 开 车。
wǒ shí sì suì wǒ bù xué kāi chē

1.	Sam	16
2.	Linda	17
3.	Robert	18

글로벌 중국어 I, II, III, IV』 회화교재 소개

>>주편 :쭈찌핑(朱志平)박사, 천바(陈绂)
북경사범대학 교수 미국, 폴란드 대학 교수 역임
>>편집 :쉬차이화 (徐彩华)박사
북경사범대학교수
>>책임감수 :뤼다(吕达)박사
북경사범대학 교수 ,중국국가 교육협회이사장, 학술위원
>>번역감수 :강강원(姜罡远)박사
한국 중국어 교육 연합 광주지부장,한국 외국어대학

한중교류출판사 (중국어학원,유학원)는 전국에서 최초로 유일하게 중국국가편찬, 세계보급용 교재 [글로벌 중국어 I, II, III, IV]학원 전용 교재를 번역해, 전국적 으로 보급하고 있습니다.

[글로벌 중국어 I, II, III, IV] 교재는 중국 국가에서 편찬하고 이 교재를 만드는 데 참여한 중국국가 공무원, 교육 담당관(중국한반원상무주임, 북경어언학원 부원장 정당)등과 (캐나다 벤쿠버 중국 총영사관 교육참찬 허림, 캐나다 토론토총영사관 교육참찬 장국경, 미국 시카고 총영사관 교육조의 강파, 주광청)캐나다, 미국 등 미주지역 현지교사(Jean Heath, Kate Mc Meiken, Tian Du, Chong Fu Tan, 왕헌은, 이건일, 고석명, 재대기 ... ...)등
40여분이 참여하여 만들어 중국 국가적이며 세계적인 회화 교재입니다.

[글로벌 중국어 I, II, III, IV] 책의 모든 편집의 구성이나 내용면에서 기존의 중국어교재를 수십배 능가하고 기술적, 학술적 면에서도 크게 우수성을 나타내고 있습니다. 이 교재의 주편 천바 교수는 미국 등 현지에서 중고등학교 정규 중국어 교재 또한 주편을 맡아서 편찬하고 있습니다.

본 학원에서 이 교재를 출판하고 번역하게된 것을 큰 영광으로 생각하고 있으며, 많은 독자들에게 살아있는 중국어를 접하고 배울 수 있는 기회를 부여하고, 또한 이 교재가 독자 여러분께 대륙으로, 세계로 진출하는 발판이 되었으면 합니다.

Class activity

1. Do you want to know more about your classmates? Take a survey and find out how old they are, then make a pie chart with the results.

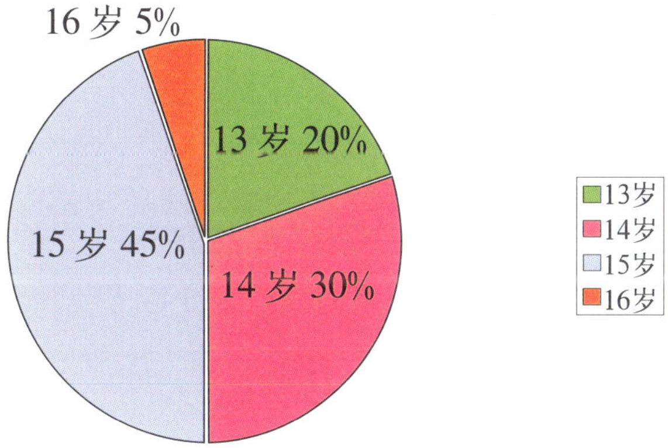

2. Discussion:
   Do you like driving? What do you think are the advantages and the disadvantages of driving a car? How old do you think the proper age is for driving?

Phonetics

1. Listen to the tape, and then complete the following exercises.

(1) Retell what you hear.

(2) Answer these questions: How old is the boy who speaks first? How old is Jack? Is Jack going to learn driving? Is the boy who speaks first going to learn driving?

2. Read aloud the following children's song.

两 只 老 虎，两 只 老 虎，
liǎng zhī lǎo hǔ liǎng zhī lǎo hǔ

跑 得 快！跑 得 快！
pǎo de kuài pǎo de kuài

一 只 没 有 耳 朵，
yì zhī méi yǒu ěr duo

一 只 没 有 尾 巴，
yì zhī méi yǒu wěi ba

真 奇 怪！真 奇 怪！
zhēn qí guài zhēn qí guài

Two tigers are running fast. One has no ears, the other has no tail. How strange!

Learn to write

1. Structure of Chinese characters

车	岁
当	然

2. Examples of components

部件 bù jiàn	甲骨文 jiǎ gǔ wén	金文 jīn wén	小篆 xiǎo zhuàn	楷书 kǎi shū	组字 zǔ zì
灬				火	然 杰
寸				寸	对 谢
月				月	朋
交				交	校

14 这是我的狗
zhè shì wǒ de gǒu

Mary runs into Wang Jiaming when she is walking her dog.

家明：这是你的狗吗？
jiā míng zhè shì nǐ de gǒu ma

玛丽：对，是我的狗。
mǎ lì duì shì wǒ de gǒu

家明：它叫什么名字？
jiā míng tā jiào shén me míng zi

玛丽：它叫大黄。
mǎ lì tā jiào dà huáng

家明：它很漂亮。它几岁？
jiā míng tā hěn piào liang tā jǐ suì

玛丽：它两岁。
mǎ lì tā liǎng suì

New words

1. 狗	gǒu	(n.)	dog
2. 它	tā	(pron.)	it
3. 漂亮	piàoliang	(adj.)	pretty
4. 两	liǎng	(num.)	two

Proper noun

- 大黄　Dàhuáng　Big Yellow (usually a name for a dog or a cat)

Learn to write numbers in Chinese.

yī	èr	sān	sì	wǔ
一	二	三	四	五
liù	qī	bā	jiǔ	shí
六	七	八	九	十

On your own: Ask and answer questions based on the following pictures.

A: 它 几 岁?
tā jǐ suì

B: 它 一 岁。
tā yí suì

八 岁
bā suì

四 岁
sì suì

A: 它 漂 亮 不 漂 亮?
tā piào liang bu piào liang

B: 它 很 漂 亮。
tā hěn piào liang

也 很 漂 亮
yě hěn piào liang

不 漂 亮
bú piào liang

Class activity

Interview your classmates:

1. Nǐ yǒu chǒngwù(pet) ma?
2. Nǐ yǒu shénme chǒngwù?
3. Tā jiào shénme míngzi?
4. Tā jǐ suì?(Tā duō dà?)
5. Tā piàoliang bu piàoliang?

Pets Survey

编号 number	同学姓名 classmate names	你有宠物吗? Do you have a pet?	什么宠物? What pet?	它叫什么名字? What's its name?	它几岁? How old is it?	它漂亮不漂亮? Is it pretty?
1.	玛丽	有	一只狗	大黄	两岁	很漂亮
2.	杰克	有	两只狗	黄黄、牛牛	一岁、三岁	都很漂亮
3.	王家明	没有				
4. ⋮						

Phonetics

1. Listen to the tape, and then answer the following questions.

(1) Does the dog belong to the boy or to the girl?

(2) How old is the dog?

(3) Does the boy think the dog is pretty?

2. Read aloud the following children's song.

宽 宽 一 条 河，河 上 一 群 鹅，
kuān kuān yì tiáo hé hé shang yì qún é

牧 鹅 一 少 年，口 中 唱 山 歌。
mù é yí shào nián kǒu zhōng chàng shān gē

On a wide river, geese are sporting. Among them is the herdboy. A folk song he is singing.

Learn to write

1. Structure of Chinese characters

两	狗	漂
它	黄	亮

2. Examples of components

部件 bù jiàn	甲骨文 jiǎ gǔ wén	金文 jīn wén	小篆 xiǎo zhuàn	楷书 kǎi shū	组字 zǔ zì
犭				犬	狗
阝				阝(邑)	都
匕				匕	它
马				马(馬)	玛 吗
⺮				竹	篮
也				也	他 她

15 你从哪里来
nǐ cóng nǎ li lái

Mary is talking with her new neighbor in the yard.

玛 丽：你 好，你 叫 什 么 名 字？
mǎ lì nǐ hǎo nǐ jiào shén me míng zi

邻 居：我 姓 本 田，我 叫 本 田 和 美。你 呢？
lín jū wǒ xìng běn tián wǒ jiào běn tián hé měi nǐ ne

玛 丽：我 叫 玛 丽。你 从 哪 里 来？
mǎ lì wǒ jiào mǎ lì nǐ cóng nǎ li lái

邻 居：我 从 日 本 来。欢 迎 你 来 我 家 玩！
lín jū wǒ cóng rì běn lái huān yíng nǐ lái wǒ jiā wán

New words

1. 姓	xìng	(v.)	to be surnamed; surname
2. 呢	ne	(pt.)	particle word ①
3. 从	cóng	(prep.)	from
4. 来	lái	(v.)	come
5. 欢迎	huānyíng	(v.)	welcome
6. 家	jiā	(n.)	home
7. 玩	wán	(v.)	play

Proper noun

- 日本 Rìběn
  Japan

Read, then practice with a partner.

① Used at the end of an interrogative sentence here referring to the same content mentioned above.

Conversation practice: Substitute the alternate words to make a new dialogue.

Example

A: 你 姓 什 么?
nǐ xìng shén me

B: 我 姓 本 田。
wǒ xìng běn tián

A: 你 从 哪 里 来?
nǐ cóng nǎ li lái

B: 我 从 日 本 来。
wǒ cóng rì běn lái

1. 王 wáng	中国 zhōng guó
2. Miller	加拿大 jiā ná dà
3. Black	英国 yīng guó
4. Devinat	法国 fǎ guó

Class activity: Tracing your family's roots.

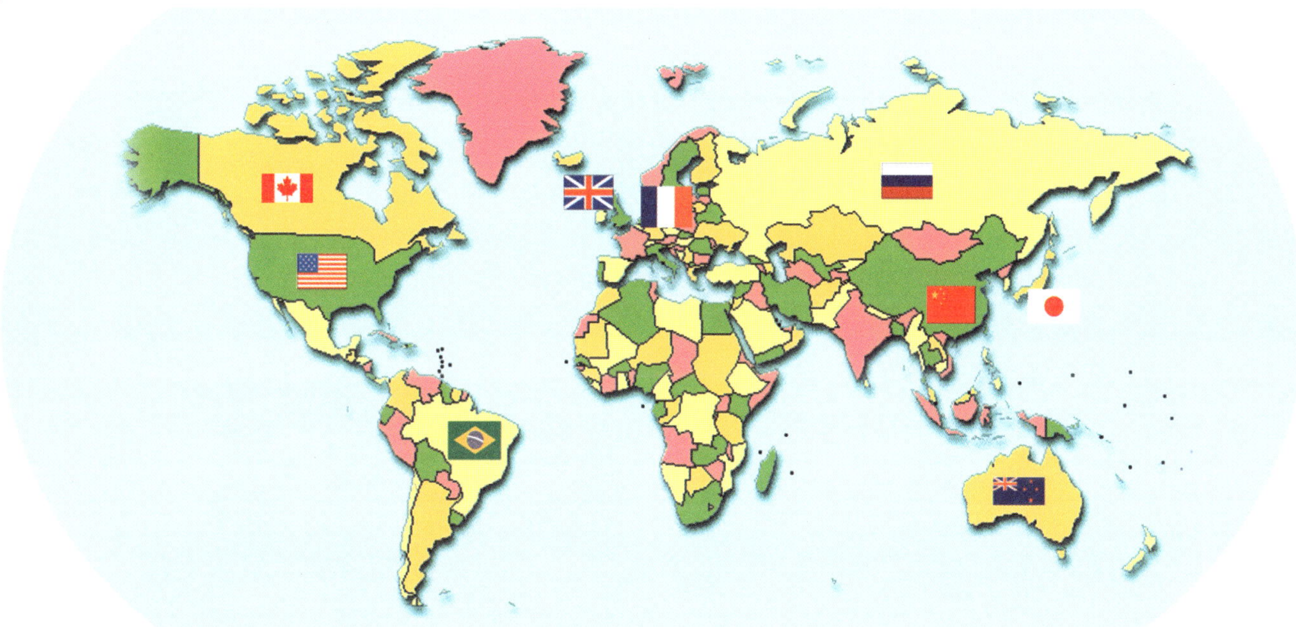

1. Ask your classmates:

Nǐ cóng nǎli lái?

Nǐ de bàba、māma cóng nǎli lái?

Tāmen jiào shénme míngzi?

Nǐ de yéye、nǎinai、lǎoye、lǎolao cóng nǎli lái?

Tāmen jiào shénme míngzi?

爸爸	bàba	father
妈妈	māma	mother
爷爷	yéye	grandfather, on father's side
奶奶	nǎinai	grandmother, on father's side
姥爷	lǎoye	grandfather, on mother's side
姥姥	lǎolao	grandmother, on mother's side

2. Try to identify which is the family name and which is the given name for each of the names listed below. Can you tell the difference between the western and Chinese names?

Western names	Chinese names
David Alan Miller	Qián Jié (钱杰)
Susan Black	Lǐ Jiāměi (李家美)
William Taylor	Lín Měiyuè (林美月)
Bobby Lee Davis	Wáng Jiāmíng (王家明)
Charlotte Baubion	Wáng Yuèyue (王月月)

Phonetics

1. Listen to the tape, and then answer the following questions.

(1) Where is Wang Jiaming from?

(2) Does the girl want Wang Jiaming to drop in at her home?

2. Read aloud the following Chinese ancient poem.

床	前	明	月	光，
chuáng	qián	míng	yuè	guāng
疑	是	地	上	霜。
yí	shì	dì	shang	shuāng
举	头	望	明	月，
jǔ	tóu	wàng	míng	yuè
低	头	思	故	乡。
dī	tóu	sī	gù	xiāng

I wake and moonbeams play around my bed.
Glittering like hoarfroast to my wondering eyes.
Upwards the glorious moon I raise my head.
Then lay me down and thoughts of home arise.

Learn to write

1. Structure of Chinese characters

来	姓	欢
从	玩	迎

2. Examples of components

部件 bù jiàn	甲骨文 jiǎ gǔ wén	金文 jīn wén	小篆 xiǎo zhuàn	楷书 kǎi shū	组字 zǔ zì
生				生	姓
人				人	从
欠				欠	欢
⺩				玉	玩
丩				丩	叫
𠂇				𠂇	友 有

16 我住在柏树街
wǒ zhù zài bǎi shù jiē

Wang Jiaming is calling Pizza Hut to order a pizza.

店员：喂，比萨饼店。请问，您要什么？
diàn yuán wèi bǐ sà bǐng diàn qǐng wèn nín yào shén me

家明：我要一份比萨饼。
jiā míng wǒ yào yí fèn bǐ sà bǐng

店员：您住在哪里？
diàn yuán nín zhù zài nǎ li

家明：我住在柏树街 1154 号。
jiā míng wǒ zhù zài bǎi shù jiē hào

店员：好，马上到。
diàn yuán hǎo mǎ shàng dào

New words

1. 喂	wèi	(exd.)	hello ①
2. 比萨饼	bǐsàbǐng	(n.)	pizza
3.(商)店	(shāng)diàn	(n.)	(business) store; shop
4. 请问	qǐngwèn	(v.)	May I ask?
5. 要	yào	(v.)	want; would like (to)
6. 份	fèn	(m.)	a set of ②
7. 住	zhù	(v.)	live; reside
8. 在	zài	(prep.)	(indicating where a person or thing is)
9. 号	hào	(n.)	number in a series ③
10. 好	hǎo	(adj.)	ok; allright
11. 马上	mǎshàng	(adv.)	right away
12. 到	dào	(v.)	arrive

Proper noun

- 柏树街 Bǎishùjiē Cypress Street

On your own: Ask and answer questions based on the following pictures.

1.

Example

---

① Used in receiving phone calls.

② A measure word for food here.

③ Used mostly after numericals.

一 张 光 盘
yì zhāng guāng pán

一 块 手 表
yí kuài shǒu biǎo

2.

Example

百 老 汇 大 街 2012 号
bǎi lǎo huì dà jiē hào

15 街 3325 号
shí wǔ jiē hào

Conversation practice: Substitute the alternate words to make a new dialogue.

Example

A: 请 问，您 要 什 么？
qǐng wèn nín yào shén me

B: 我 要 4 份 比 萨 饼。
wǒ yào sì fèn bǐ sà bǐng

A: 您 住 在 哪 里？
nín zhù zài nǎ li

B: 我 住 在 15 街 6789 号。
wǒ zhù zài shí wǔ jiē hào

A: 好，马 上 到。
hǎo mǎ shàng dào

1.	2 份 liǎng fèn	15 街 3325 号 shí wǔ jiē hào
2.	3 份 sān fèn	6 街 3356 号 liù jiē hào
3.	4 份 sì fèn	7 街 2899 号 qī jiē hào
4.	1 份 yí fèn	柏 树 街 5134 号 bǎi shù jiē hào

Class activity

Act it out: Working part-time at Pizza Hut.

Phonetics

1. Listen to the tape, and then answer the following questions.

(1) Where is the man talking?

(2) How many pieces of pizza does the woman want?

(3) Where does the woman live?

2. Read aloud the following children's song.

我 是 只 小 小 鸟，
wǒ shì zhī xiǎo xiǎo niǎo

飞 就 飞，叫 就 叫，
fēi jiù fēi jiào jiù jiào

自 在 逍 遥。
zì zài xiāo yáo

我 不 知 有 忧 愁，
wǒ bù zhī yǒu yōu chóu

我 不 知 有 烦 恼，
wǒ bù zhī yǒu fán nǎo

只 是 爱 欢 笑。
zhǐ shì ài huān xiào

I'm a little bird. Fly as I want, cry as I like, so free and unfettered. Not knowing worries, not knowing troubles, laugh and joy is what I want.

Learn to write

1. Structure of Chinese characters

喂	份	住
号	要	店

2. Examples of components

部件 bù jiàn	甲骨文 jiǎ gǔ wén	金文 jīn wén	小篆 xiǎo zhuàn	楷书 kǎi shū	组字 zǔ zì
分				分	份
主				主	住
丂				丂	号
刂				刀	到

17 你家有几口人

nǐ jiā yǒu jǐ kǒu rén

In Wang Jiaming's home, David is looking at a picture above the fireplace.

大 卫：你 家 有 几 口 人？
dà wèi nǐ jiā yǒu jǐ kǒu rén

家 明：我 家 有 三 口 人。爸 爸、妈 妈 和 我。你 家 呢？
jiā míng wǒ jiā yǒu sān kǒu rén bà ba mā ma hé wǒ nǐ jiā ne

大 卫：我 家 有 五 口 人。爸 爸、妈 妈、哥 哥、姐 姐，
dà wèi wǒ jiā yǒu wǔ kǒu rén bà ba mā ma gē ge jiě jie

还 有 我。
hái yǒu wǒ

家 明：你 有 没 有 狗？
jiā míng nǐ yǒu méi yǒu gǒu

大 卫：有，我 有 一 只 大 狗，还 有 一 只 小 猫。
dà wèi yǒu wǒ yǒu yì zhī dà gǒu hái yǒu yì zhī xiǎo māo

New words

1. 口	kǒu	(m.)	measure word ①
2. 人	rén	(n.)	person; people
3. 爸爸	bàba	(n.)	dad; father
4. 妈妈	māma	(n.)	mom; mother
5. 哥哥	gēge	(n.)	elder brother
6. 姐姐	jiějie	(n.)	elder sister
7. 还	hái	(adv.)	and; as well; also; too
8. 大	dà	(adj.)	big
9. 小	xiǎo	(adj.)	small; little
10. 猫	māo	(n.)	cat

On your own

1. Look at the examples and then make conversations according to the pictures.

Ann's family

A: Ann 家 有 几 口 人?
jiā yǒu jǐ kǒu rén

B: 她 家 有 四 口 人,
tā jiā yǒu sì kǒu rén

爸 爸、妈 妈、哥 哥 和 她。
bà ba mā ma gē ge hé tā

A: ________ 家 ________?
jiā

B: 他 家 有 ________,
tā jiā yǒu

还 有 ________。
hái yǒu

Mike's family

① A measure word for the number of family members.

2. Big or small?

A: 这 只 狗 大 吗?
zhè zhī gǒu dà ma

B: 这 只 狗 很 大。
zhè zhī gǒu hěn dà

A: 这 只 猫 大 吗?
zhè zhī māo dà ma

B: 这 只 猫 不 大，它 很 小。
zhè zhī māo bú dà tā hěn xiǎo

A: 这 只 狗 大 吗?
zhè zhī gǒu dà ma

B: 这 只 狗 不 ______，它 很 ______。
zhè zhī gǒu bú tā hěn

A: 这 只 猫 大 吗?
zhè zhī māo dà ma

B: 这 只 猫 很 ______。
zhè zhī māo hěn

Class activity

Interview your classmates to find out how many people there are in their family.

Phonetics

1. Listen to the tape, and then answer the following questions.

(1) How many brothers does Tom have?
(2) Does Tom have any sisters?
(3) How many people are there in the girl's family?
(4) How many cats and dogs does the girl have?

2. Read aloud the following riddle and make a guess.

高 山 不 见 土，
gāo shān bú jiàn tǔ

平 地 不 见 田。
píng dì bú jiàn tián

似 海 没 有 水，
sì hǎi méi yǒu shuǐ

世 界 在 眼 前。
shì jiè zài yǎn qián

No soil on the mountain, no fields on the plain.
Like seas without water, but the world can be seen.

Learn to write

1. Structure of Chinese characters

口	人	大	小	还
妈	姐	猫	哥	爸

2. Examples of components

部件 bù jiàn	甲骨文 jiǎ gǔ wén	金文 jīn wén	小篆 xiǎo zhuàn	楷书 kǎi shū	组字 zǔ zì
父				父	爸
巴				巴	爸
可		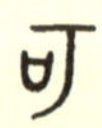		可	哥
苗				苗	猫
辶				辵	这

18 我爸爸是医生
wǒ bà ba shì yī shēng

Review

Mary is introducing her family.

我家有五口人，爸爸、妈妈、弟弟、妹妹和我。我们住在温哥华。我爸爸是医生。我还有爷爷和奶奶，他们不住在温哥华，他们住在芝加哥。我还有一只大狗，它叫大黄，它很喜欢我的邻居，可是我的邻居不喜欢它。

Wǒ jiā yǒu wǔ kǒu rén, bàba、māma、dìdi、mèimei hé wǒ. Wǒmen zhù zài Wēngēhuá. Wǒ bàba shì yīshēng. Wǒ hái yǒu yéye hé nǎinai, tāmen bú zhù zài Wēngēhuá, tāmen zhù zài Zhījiāgē. Wǒ hái yǒu yì zhī dà gǒu, tā jiào Dàhuáng, tā hěn xǐhuan wǒ de línjū, kěshì wǒ de línjū bù xǐhuan tā.

New words

1. 弟弟	dìdi	(n.)	younger brother
2. 妹妹	mèimei	(n.)	younger sister
3. 医生	yīshēng	(n.)	doctor
4. 爷爷	yéye	(n.)	(paternal) grandfather
5. 奶奶	nǎinai	(n.)	(paternal) grandmother
6. 喜欢	xǐhuan	(v.)	like
7. 邻居	línjū	(n.)	neighbor
8. 可是	kěshì	(conj.)	but; however

Proper nouns

- 温哥华 Wēngēhuá Vancouver
- 芝加哥 Zhījiāgē Chicago

On your own: Make sentences based on the following pictures and words.

1. What are their professions?

玛 丽 的 爸 爸 是 医 生。
mǎ lì de bà ba shì yīshēng

大 卫 的 爸 爸 校 长
dà wèi de bà ba xiào zhǎng

Anny 的 哥 哥 中 学 生
de gē ge zhōng xué shēng

Sam 的 哥 哥 音 乐 老 师
de gē ge yīn yuè lǎo shī

2. What are their hobbies?

Emma 喜欢听音乐。
xǐ huan tīng yīn yuè

Linda 吃蛋糕
chī dàn gāo

Jim 打橄榄球
dǎ gǎn lǎn qiú

Sam 打篮球
dǎ lán qiú

Class activity: Tell your classmates about your family.

你喜欢什么?
nǐ xǐ huan shén me

你爸爸做什么工作?
nǐ bà ba zuò shén me gōng zuò

你妈妈做什么工作?
nǐ mā ma zuò shén me gōng zuò

工程师	gōngchéngshī	engineer
工人	gōngrén	factory worker
经理	jīnglǐ	manager
秘书	mìshū	secretary
推销员	tuīxiāoyuán	sales representative
记者	jìzhě	journalist
职员	zhíyuán	clerk

Phonetics

1. Listen to the tape, and then answer the following questions.

(1) What is the boy's name?

(2) How old is the boy?

(3) How many people are there in the boy's family?

(4) Where is the boy's home?

(5) Does the boy have a cat?

(6) What's the boy's dog's name?

(7) Who does not like the dog?

2. Read aloud the follwing folk song.

世 上 只 有 妈 妈 好，
shì shang zhǐ yǒu mā ma hǎo

有 妈 的 孩 子 像 个 宝，
yǒu mā de hái zi xiàng ge bǎo

投 进 妈 妈 的 怀 抱，
tóu jìn mā ma de huái bào

幸 福 有 多 少。
xìng fú yǒu duō shao

> Only mum is the dearest in the world. With a mum, the child is dearly loved. Resting in her arms, he's so happy and blessed.

Can you sing it?

Learn to write

1. Structure of Chinese characters

妹	奶	邻	弟	爷
喜	可	医	居	

2. Examples of components

部件 bù jiàn	甲骨文 jiǎ gǔ wén	金文 jīn wén	小篆 xiǎo zhuàn	楷书 kǎi shū	组字 zǔ zì
令				令	邻
乃				乃	奶
卩				卩	爷
尸				尸	居
勹				勹	包

UNIT SUMMARY

FUNCTIONAL USAGE

1. Inquring about and offering age information

你 多 大?
nǐ duō dà

我 十 五 岁。
wǒ shí wǔ suì

2. Introducing oneself

我 姓 本 田,
wǒ xìng běn tián

我 叫 本 田 和 美。
wǒ jiào běn tián hé měi

3. Explaining where you come from

我 从 日 本 来。
wǒ cóng rì běn lái

4. Expressing welcome

欢 迎 你 来 我 家 玩!
huān yíng nǐ lái wǒ jiā wán

5. Ordering food on telephone

我 要 一 份 比 萨 饼。
wǒ yào yí fèn bǐ sà bǐng

6. Offering one's address

我 住 在 柏 树 街 1154 号。
wǒ zhù zài bǎi shù jiē hào

7. Inquiring about the number of people in your family

你 家 有 几 口 人?
nǐ jiā yǒu jǐ kǒu rén

我 家 有 三 口 人。
wǒ jiā yǒu sān kǒu rén

8. Stating one's profession

我 爸 爸 是 医 生。
wǒ bà ba shì yī shēng

GRAMMAR FOCUS

Sentence pattern	*Example*
1. 你学不学开车？ nǐ xué bu xué kāi chē	
2. 它几岁？ tā jǐ suì 它两岁。 tā liǎng suì	
3. 从……来 cóng lái	我从日本来。 wǒ cóng rì běn lái
4. ……要…… yào	我要一份比萨饼。 wǒ yào yí fèn bǐ sà bǐng
5. ……有……，还有…… yǒu hái yǒu	我有一只大狗，还有一只小猫。 wǒ yǒu yì zhī dà gǒu hái yǒu yì zhī xiǎo māo

Unit Four

Four Seasons of the Year

Look and Say

chūn
xià
qiū
dōng
Chūntiān zài nǎli?

19 现在几点

xiàn zài jǐ diǎn

Look and Say: What time is it now?

7:00

8:05

12:15

12:30

New words

1. 现在	xiànzài	(n.)	now
2. 点（钟）	diǎn(zhōng)	(n.)	o'clock
3. 半	bàn	(num.)	half
4. 事	shì	(n.)	matter; affair; thing; business
5. 去	qù	(v.)	go
6. 起床	qǐchuáng	(v.)	get up
7. 吧	ba	(pt.)	particle word ①

① Indicating a suggestion, a request or a mild command.

Today is Sunday. Wang Jiaming has an appointment with David, but he wakes up late.

家 明：妈 妈，现 在 几 点？
jiā míng mā ma xiàn zài jǐ diǎn

妈 妈：现 在 九 点 半。你 今 天 有 事 吗？
mā ma xiàn zài jiǔ diǎn bàn nǐ jīn tiān yǒu shì ma

家 明：我 去 大 卫 家。
jiā míng wǒ qù dà wèi jiā

妈 妈：你 几 点 去？
mā ma nǐ jǐ diǎn qù

家 明：我 十 点 去。
jiā míng wǒ shí diǎn qù

妈 妈：起 床 吧！
mā ma qǐ chuáng ba

On your own: Ask and answer questions based on the following pictures.

A：现 在 几 点?
xiàn zài jǐ diǎn

B：现 在 十 点 半。
xiàn zài shí diǎn bàn

A：现 在____________?
xiàn zài

B：现 在____________。
xiàn zài

A：现 在 5 点 10 分，对 吗?
xiàn zài wǔ diǎn shí fēn duì ma

B：对，____________。
duì

A：现 在 7 点 半，对 吗?
xiàn zài qī diǎn bàn duì ma

B：不 对，____________。
bú duì

Conversation practice: Substitute the alternate words to make a new dialogue.

1.

A：请 问，现 在 几 点?
qǐngwèn xiàn zài jǐ diǎn

B：十 点 十 五 分。
shí diǎn shí wǔ fēn

A：谢 谢 您!
xiè xie nín

B：不 客 气!
bú kè qi

1. 七 点 二 十
qī diǎn èr shí
2. 八 点 半
bā diǎn bàn
3. 十 二 点
shí èr diǎn

2.

A：你 今 天 有 事 吗?
nǐ jīn tiān yǒu shì ma

B：我 今 天 没 有 事。
wǒ jīn tiān méi yǒu shì

你 有 事 吗?
nǐ yǒu shì ma

A：我 十 点 去 大 卫 家。
wǒ shí diǎn qù dà wèi jiā

1. 十 二 点 比 萨 饼 店
shí èr diǎn bǐ sà bǐng diàn
2. 三 点 半 打 网 球
sān diǎn bàn dǎ wǎng qiú
3. 七 点 半 听 音 乐
qī diǎn bàn tīng yīn yuè

Class activity: Make a clock.

With a partner, use a piece of cardboard and a pin to make a clock with movable hands. Afterwards, take turns changing the positions of the clock hands and stating the time.

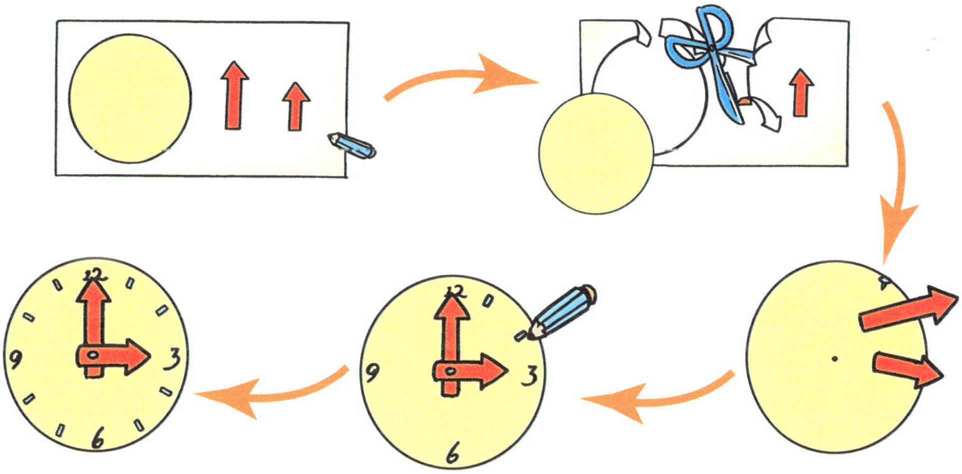

Phonetics

1. Listen to the tape, and then answer the following questions.

(1) What is the mother going to do today?

(2) What time is it when the mother and her daughter have the conversation?

(3) What is the girl going to do today?

2. Read the following Chinese ancient poem.

春 眠 不 觉 晓，
chūn mián bù jué xiǎo

处 处 闻 啼 鸟。
chù chù wén tí niǎo

夜 来 风 雨 声，
yè lái fēng yǔ shēng

花 落 知 多 少！
huā luò zhī duō shǎo

It's after dawn when I awoke this morning in spring. Then everywhere around me I heard birds all sing. I now recall the sound of big storm late at night. How many flowers would have been blown to ground in sight?

Learn to write

1. Structure of Chinese characters

半	事	去	
吧	现	点	床

2. Examples of components

部件 bù jiàn	甲骨文 jiǎ gǔ wén	金文 jīn wén	小篆 xiǎo zhuàn	楷书 kǎi shū	组字 zǔ zì
广				广	床
占				占	点
豕				豕	家

20 你每天几点起床

nǐ měi tiān jǐ diǎn qǐ chuáng

Look and Say

早上 **7:05** 起床

8:30 上学

中午 **12:00** 吃饭

下午 **3:15** 放学

晚上 **10:20** 睡觉

New words

1. 每天	měi tiān		every day
2. 早上	zǎoshang	(n.)	morning
3. 刻（钟）	kè (zhōng)	(n.)	a quarter of an hour
4. 晚上	wǎnshang	(n.)	night; evening
5. 时候	shíhou	(n.)	time; moment
6. 睡觉	shuìjiào	(v.)	go to bed; sleep

Wang Jiaming is at David's. They are talking about their work-and-rest schedules.

家　明：大　卫，你　每　天　早　上　几　点　起　床？
jiā　míng　dà　wèi　nǐ　měi　tiān　zǎo shang　jǐ　diǎn　qǐ chuáng

大　卫：我　每　天　七　点　一　刻　起　床。
dà　wèi　wǒ　měi　tiān　qī　diǎn　yí　kè　qǐ chuáng

家　明：晚　上　呢，晚　上　你　什　么　时　候　睡　觉？
jiā　míng　wǎn shang　ne　wǎn shang　nǐ　shén　me　shí　hou　shuì　jiào

大　卫：我　十　点　半　睡　觉。你　呢？
dà　wèi　wǒ　shí　diǎn　bàn　shuì　jiào　nǐ　ne

家　明：我　早　上　七　点　起　床，晚　上　十　一　点　睡　觉。
jiā　míng　wǒ　zǎo shang　qī　diǎn　qǐ chuáng　wǎn shang　shí　yī　diǎn　shuì　jiào

Read aloud

早上
zǎoshang

上午
shàng wǔ

中午
zhōng wǔ

下午
xià wǔ

晚上
wǎnshang

On your own: Ask and answer questions based on the given words.

A：你几点起床？
nǐ jǐ diǎn qǐchuáng

B：我六点起床。
wǒ liù diǎn qǐchuáng

1. 上课[1] shàngkè	九点 jiǔ diǎn	3. 回家[3] huí jiā	四点 sì diǎn
2. 下课[2] xià kè	三点 sān diǎn	4. 睡觉 shuì jiào	十一点 shí yī diǎn

Class activity: Interview your classmates about their daily routine.

1. 你每天早上几点上课？
   nǐ měi tiān zǎoshang jǐ diǎnshàng kè
2. 你每天中午几点吃饭？
   nǐ měi tiān zhōng wǔ jǐ diǎn chī fàn
3. 你每天下午几点下课？
   nǐ měi tiān xià wǔ jǐ diǎn xià kè
4. 你每天晚上几点睡觉？
   nǐ měi tiān wǎn shang jǐ diǎn shuì jiào

---

① Go to school.
② Finish classes.
③ Go home.

Phonetics

1. Listen to the tape, and then answer the following questions.

(1) When does David play basketball every day?

(2) When does David study Chinese every day?

2. Read the following Chinese riddle and make a guess.

会 走 没 有 腿，
huì zǒu méi yǒu tuǐ

会 叫 没 有 嘴。
huì jiào méi yǒu zuǐ

它 会 告 诉 我 们，
tā huì gào su wǒ men

什 么 时 候 起，
shén me shí hou qǐ

什 么 时 候 睡。
shén me shí hou shuì

Without legs or mouth, but it can both walk and talk. It can tell us when to awake and when to sleep.

Learn to write

1. Structure of Chinese characters

上			
刻	时	候	睡
每	早	觉	

2. Examples of components

部件 bù jiàn	甲骨文 jiǎ gǔ wén	金文 jīn wén	小篆 xiǎo zhuàn	楷书 kǎi shū	组字 zǔ zì
亥				亥	刻
目				目	睡
母				母	每
𠂉				𠂉	每

21 昨天、今天、明天

zuó tiān　jīn tiān　míng tiān

Look and Say

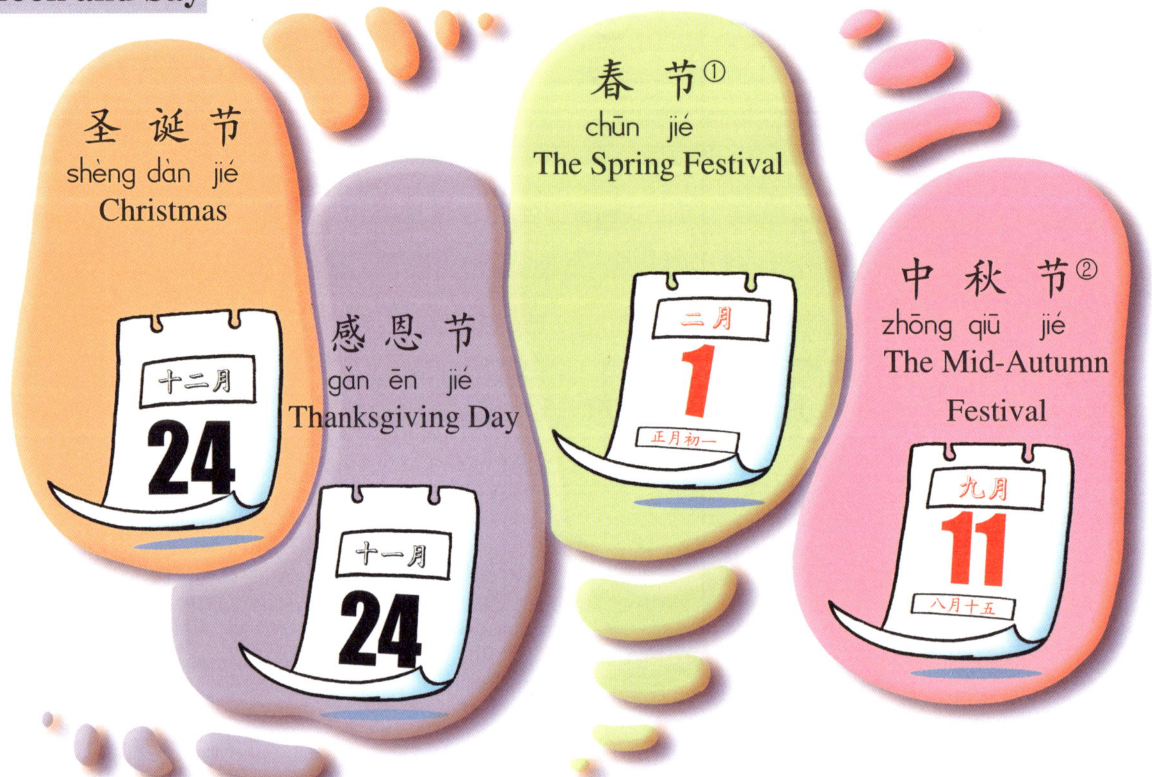

New words

1. 昨天	zuótiān	(n.)	yesterday
2. 明天	míngtiān	(n.)	tomorrow
3. 月	yuè	(n.)	month
4. 号	hào	(n.)	date ③
5. 节	jié	(n.)	holiday; festival
6. 哪	nǎ	(pron.)	which
7. 天	tiān	(n.)	day
8. 明年	míngnián	(n.)	next year

Proper nouns

- 感恩节 Gǎn'ēn Jié Thanksgiving Day
- 中国 Zhōngguó China
- 春节 Chūn Jié The Spring Festival (Chinese Lunar New Year)

---

①② Chinese lunar calendar.

③ Used mostly after numericals, here for date of month.

Wang Jiaming is asking Mary today's date when David joins them.

家明：今天几月几号？
jiā míng jīn tiān jǐ yuè jǐ hào

玛丽：十一月二十三号。
mǎ lì shí yī yuè èr shí sān hào

家明：感恩节是哪一天？
jiā míng gǎn ēn jié shì nǎ yì tiān

玛丽：明天。
mǎ lì míng tiān

大卫：中国的春节是哪一天？
dà wèi zhōng guó de chūn jié shì nǎ yì tiān

家明：明年一月十六日是春节。
jiā míng míng nián yī yuè shí liù rì shì chūn jié

Time expressions

昨 天 (yesterday)
zuó tiān

今 天 (today)
jīn tiān

明 天 (tomorrow)
míng tiān

去 年 (last year)
qù nián

今 年 (this year)
jīn nián

明 年 (next year)
míng nián

Do you know how many days are there in each month?

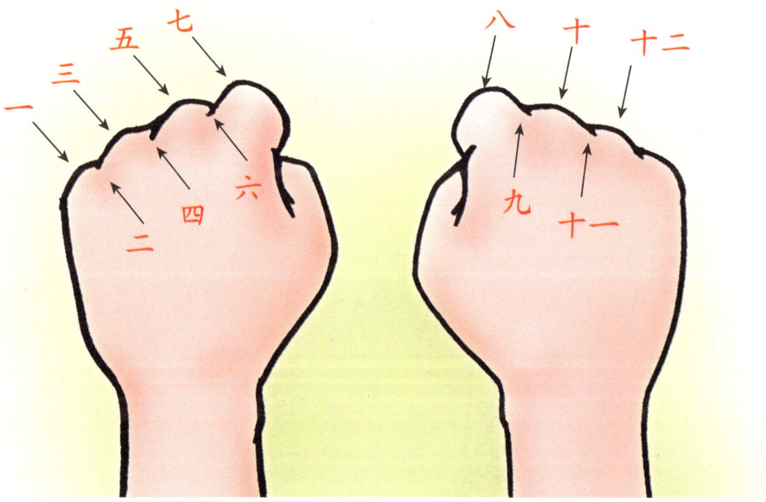

一 月 大[①] yī yuè dà	二 月 小 èr yuè xiǎo	三 月 大 sān yuè dà	四 月 小 sì yuè xiǎo
五 月 大 wǔ yuè dà	六 月 小 liù yuè xiǎo	七 月 大 qī yuè dà	八 月 大 bā yuè dà
九 月 小 jiǔ yuè xiǎo	十 月 大 shí yuè dà	十 一 月 小 shí yī yuè xiǎo	十 二 月 大 shí èr yuè dà

① The "big month" refers to the solar month of 31 days, and the "small month" refers to the solar month of 30 days. Feburary is an exception. There are 29 days in Feburary once every four years, and in the remaining three years, it has only 28 days.

Interview a partner

1. 今天几月几号?
jīn tiān jǐ yuè jǐ hào

2. 昨天几月几号?
zuó tiān jǐ yuè jǐ hào

3. 明天几月几号?
míngtiān jǐ yuè jǐ hào

Conversation practice: Substitute the alternate words to make a new dialogue.

A：请问，今天几月几号?
qǐng wèn jīn tiān jǐ yuè jǐ hào

B：今天十一月二十四号。
jīn tiān shí yī yuè èr shí sì hào

A：啊，今天是感恩节。谢谢您!
a jīn tiān shì gǎn ēn jié xiè xie nín

B：不客气。
bú kè qi

1. 十二月二十五号 shí èr yuè èr shí wǔ hào — 圣诞节 shèngdàn jié
2. 一月十六号 yī yuè shí liù hào — 春节 chūn jié

Class activity: Which is your favorite holiday?

Western Holidays	*Chinese Holidays*
 Shèngdàn Jié	 Chūn Jié
 Gǎn'ēn Jié	 Yuánxiāo Jié
 Fùhuó Jié	 Duānwǔ Jié
 Qíngrén Jié	 Zhōngqiū Jié

Phonetics

1. Listen to the tape, and then answer the following questions.

(1) What's the date of today?

(2) When is the father's birthday?

2. Read the following ancient Chinese poem.

白	日	依	山	尽，
bái	rì	yī	shān	jìn
黄	河	入	海	流，
huáng	hé	rù	hǎi	liú
欲	穷	千	里	目，
yù	qióng	qiān	lǐ	mù
更	上	一	层	楼。
gèng	shàng	yì	céng	lóu

Way down behind the hills the sun is going.
Into the sea the Yellow River's flowing.
Wanting to see as far as my eyes could, climb up still one more flight of stairs I should.

Learn to write

1. Structure of Chinese characters

月	年	昨	国
节	感	恩	春

2. Examples of components

部件 bù jiàn	甲骨文 jiǎ gǔ wén	金文 jīn wén	小篆 xiǎo zhuàn	楷书 kǎi shū	组字 zǔ zì
艹				草	节
𤴓				𤴓	是
白				白	的

22 星期六你干什么
xīng qī liù nǐ gàn shén me

Look and Say

Jack's timetable

星期一

上 学
shàng xué

星期二

打 球
dǎ qiú

星期三

学 汉 语
xué hàn yǔ

星期四

听 音 乐
tīng yīn yuè

星期五

去 朋 友 家
qù péng you jiā

星期六

看 电 影
kàn diànyǐng

星期日

上 网
shàng wǎng

New words

1. 星期	xīngqī	(n.)	day of the week [1]
2. 打算	dǎsuàn	(n.;v.)	plan (to); be going to
3. 干	gàn	(v.)	do
4. 看	kàn	(v.)	see; look at; watch
5. 电影	diànyǐng	(n.)	movie
6. 行	xíng	(v.)	will do; be all right
7. 可以	kěyǐ	(v.;aux.)	can; may

---

① Used in combination with 日，一，二，三，四，五，六 to denote day of the week.

Mary wants to go to see a movie with Wang Jiaming, David and Jack.

玛 丽: 家 明, 星 期 六 你 打 算 干 什 么?
mǎ lì jiā míng xīng qī liù nǐ dǎ suàn gàn shén me

家 明: 我 打 算 跟 大 卫、杰 克 一 起 看 电 影。
jiā míng wǒ dǎ suàn gēn dà wèi jié kè yì qǐ kàn diàn yǐng

你 打 算 干 什 么?
nǐ dǎ suàn gàn shén me

玛 丽: 我 跟 你 们 一 起 去 看 电 影, 行 吗?
mǎ lì wǒ gēn nǐ men yì qǐ qù kàn diàn yǐng xíng ma

家 明: 当 然 可 以。
jiā míng dāng rán kě yǐ

Read and match

xīngqīwǔ　xīngqīyī　xīngqīrì　xīngqī'èr　xīngqīsì　xīngqīliù　xīngqīsān

Conversation practice: Substitute the alternate words to make a new dialogue.

A：杰 克，星 期 六 你 打 算 干 什 么？
jié kè xīng qī liù nǐ dǎ suàn gàn shén me

B：我 跟 朋 友 们 一 起 去 打 橄 榄 球，
wǒ gēn péng you men yì qǐ qù dǎ gǎn lǎn qiú

你 呢？ 打 算 干 什 么？
nǐ ne dǎ suàn gàn shén me

A：我 跟 你 们 一 起 去 打 橄 榄 球，可
wǒ gēn nǐ men yì qǐ qù dǎ gǎn lǎn qiú kě

以 吗？
yǐ ma

B：当 然 可 以。(对 不 起①，不 行)
dāngrán kě yǐ duì bu qǐ bù xíng

1. 星 期 日 xīng qī rì	Steven、Bill	学 开 车 xué kāi chē
2. 今 天 jīn tiān	Tom、Fred	打 网 球 dǎ wǎngqiú
3. 明 天 míngtiān	Jane、Betty	看 电 影 kàn diànyǐng

Interview a partner

1. 一 个 星 期 有 几 天？
yí ge xīng qī yǒu jǐ tiān

2. 今 天 星 期 几？
jīn tiān xīng qī jǐ

3. 这 个 星 期 六、星 期 日 你 打 算
zhè ge xīng qī liù xīng qī rì nǐ dǎ suàn

干 什 么？
gàn shén me

① I'm sorry.

Class activity: Make up your own Chinese movie poster.

Phonetics

1. Listen to the tape, and then answer the following questions.

(1) What is Mary going to do this Sunday?

(2) Whom is Mary going with?

(3) What is the boy going to do this Sunday?

2. Read aloud the following children's song.

我 是 小 金 鱼，住 在 池 塘 里，
wǒ shì xiǎo jīn yú zhù zài chí táng lǐ

游 过 来，游 过 去，总 是 不 如 意。
yóu guò lái yóu guò qù zǒng shì bù rú yì

努 力 游，努 力 游，游 过 了 小 河，
nǔ lì yóu nǔ lì yóu yóu guò le xiǎo hé

一 天 又 一 天，来 到 大 海 里。
yì tiān yòu yì tiān lái dào dà hǎi lǐ

I'm a little goldfish living in a pond. Swimming to and fro, but I couldn't have fun. Struggling and struggling, finally I left the creek behind. Day after day, eventually I reached the ocean.

Learn to write

1. Structure of Chinese characters

干	电	看	算	
期	跟	影	行	以

2. Examples of components

部件 bù jiàn	甲骨文 jiǎ gǔ wén	金文 jīn wén	小篆 xiǎo zhuàn	楷书 kǎi shū	组字 zǔ zì
其				其	期
𧾷			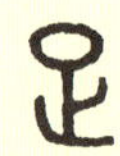	足	跟
景				景	影
手				手	看

23 今天天气怎么样
jīn tiān tiān qì zěn me yàng

Look and Say

New words

1. 天气	tiānqì	(n.)	weather
2. 怎么样	zěnmeyàng	(pron.)	how
3. 刮（风）	guā(fēng)	(v.)	(of wind) blow
4. 风	fēng	(n.)	wind
5. 下午	xiàwǔ	(n.)	afternoon
6. 可能	kěnéng	(aux.)	maybe; perhaps
7. 下雨	xià yǔ		rain
8. 带	dài	(v.)	take/bring/carry... with sb.
9. 雨伞	yǔsǎn	(n.)	umbrella
10. 哪儿	nǎr	(pron.)	where
11. 外面	wàimian	(n.)	outside
12. 雨衣	yǔyī	(n.)	raincoat

Wang Jiaming is about to go to school and he is asking his father about today's weather.

家明：爸爸，今天天气怎么样？
jiā míng bà ba jīn tiān tiān qì zěn me yàng

爸爸：现在刮风，下午可能下雨。
bà ba xiàn zài guā fēng xià wǔ kě néng xià yǔ

家明：我带雨伞吧，我的雨伞在哪儿？
jiā míng wǒ dài yǔ sǎn ba wǒ de yǔ sǎn zài nǎr

爸爸：外面风很大，你带雨衣吧！
bà ba wài mian fēng hěn dà nǐ dài yǔ yī ba

Read aloud

刮 风　　下 雨
guā fēng　　xià yǔ

带 雨 伞　　带 雨 衣
dài yǔ sǎn　　dài yǔ yī

一 把[①] 雨 伞　　一 件 雨 衣
yì bǎ yǔ sǎn　　yí jiàn yǔ yī

现在外面风很大　　现在外面雨很大
xiàn zài wàimian fēng hěn dà　　xiàn zài wàimian yǔ hěn dà

On your own

1. Match the pictures with the words.

下雨、刮风
xià yǔ guāfēng

下雨
xià yǔ

雨伞
yǔ sǎn

雨衣
yǔ yī

2. Look at the example and then make conversations according to the given words.

Example

A：今天天气怎么样？
jīn tiān tiān qì zěn me yàng

B：今天可能下雨。
jīn tiān kě néng xià yǔ

1. 明天　　下雨
míngtiān　　xià yǔ
2. 星期六　　刮风
xīng qī liù　　guāfēng
3. 后天　　下雪
hòu tiān　　xià xuě
4. 星期日　　刮风、下雨
xīng qī rì　　guāfēng xià yǔ

---

①把：A measure word, used of a tool with a handle.

Class activity

1. Chart the weather this week and make a weather map. Be your own meteorologist!

星期一 xīng qī yī	星期二 xīng qī èr	星期三 xīng qī sān	星期四 xīng qī sì	星期五 xīng qī wǔ	星期六 xīng qī liù	星期日 xīng qī rì

2. Discuss your weather map with a partner.

Example

A：星 期 六 天 气 怎 么 样？
xīng qī liù tiān qì zěn me yàng

B：星 期 六 天 气 很 好。你 打 算 干 什 么？
xīng qī liù tiān qì hěn hǎo nǐ dǎ suàn gàn shén me

Phonetics

1. Listen to the tape, and then answer the following questions.

(1) Is it raining outside?

(2) Is the wind blowing outside?

(3) What does the boy ask the woman to take with her?

2. Read aloud the following tongue twister.

他 喜 欢 琵 琶，我 喜 欢 吉 他。
tā xǐ huan pí pá wǒ xǐ huan jí tā

他 说 琵 琶 好，我 说 吉 他 好。
tā shuō pí pá hǎo wǒ shuō jí tā hǎo

现 在 你 来 听，
xiàn zài nǐ lái tīng

是 琵 琶 好 还 是 吉 他 好。
shì pí pá hǎo hái shì jí tā hǎo

He likes *pipa* ①; I like guitars. He says *pipa* is better than guitars; I say a guitar is better than *pipa*. Now you can listen which is better, *pipa* or guitars?

---

① *Pipa*: a plucked string instrument with a fretted fingerboard.

Learn to write

1. Structure of Chinese characters

下	雨	面	伞	午
样	刮	能	外	带

2. Examples of components

部件 bù jiàn	甲骨文 jiǎ gǔ wén	金文 jīn wén	小篆 xiǎo zhuàn	楷书 kǎi shū	组字 zǔ zì
羊				羊	样
巾				巾	带
几				几	风

24 冬天冷，夏天热

dōng tiān lěng xià tiān rè

Review

Look and Say

冬天冷，夏天热，春天常常刮风，秋天不冷也不热。

Winter is cold; summer is hot; spring is extremely windy; fall is neither cold nor hot.

冬天
dōng tiān

夏天
xià tiān

春天
chūn tiān

秋天
qiū tiān

New words

1. 新年	xīnnián	(n.)	New Year
2. 最近	zuìjìn	(n.)	recently; lately
3. 忙	máng	(adj.)	busy
4. 觉得	juéde	(v.)	think; feel
5. 秋天	qiūtiān	(n.)	fall
6. 最	zuì	(adv.)	most; least; best; to the highest or lowest degree
7. 冬天	dōngtiān	(n.)	winter
8. 冷	lěng	(adj.)	cold
9. 夏天	xiàtiān	(n.)	summer
10. 热	rè	(adj.)	hot
11. 春天	chūntiān	(n.)	spring
12. 常常	chángcháng	(adv.)	often
13. 非常	fēicháng	(adv.)	very
14. 节日	jiérì	(n.)	holiday; red-letter day

Proper noun

- 北京 Běijīng Beijing
- 小雨 Xiǎoyǔ a person's name, literally "drizzle"

Wang Jiaming has just received a letter from one of his friends in Beijing.

家明：

新年好！

最近忙不忙？你打算什么时候来北京？北京的冬天很冷，夏天很热。春天不冷，可是常常刮风。秋天非常好，不冷也不热。我觉得秋天最好。

祝你

节日快乐！

你的朋友：小雨

1月5日

Jiāmíng:

Xīnnián hǎo!

Zuìjìn máng bu máng? Nǐ dǎsuàn shénme shíhou lái Běijīng? Běijīng de dōngtiān hěn lěng, xiàtiān hěn rè. Chūntiān bù lěng, kěshì chángcháng guā fēng. Qiūtiān fēicháng hǎo, bù lěng yě bú rè. Wǒ juéde qiūtiān zuì hǎo.

Zhù nǐ

jiérì kuàilè!

Nǐ de péngyou: Xiǎoyǔ

yī yuè wǔ rì

Read aloud

祝你生日快乐!
zhù nǐ shēng ri kuài lè

祝你新年快乐!
zhù nǐ xīn nián kuài lè

祝你节日快乐!
zhù nǐ jié rì kuài lè

On your own: Make conversations according to the example and given words.

1. A：最近忙不忙?
zuì jìn máng bu máng

B：很忙。
hěn máng

1. 非常忙
fēi cháng máng
2. 有点儿忙
yǒu diǎnr máng
3. 不太忙
bú tài máng

2. A：最近怎么样?
zuì jìn zěn me yàng

B：还好。
hái hǎo

1. 非常忙
fēi cháng máng
2. 还不错
hái bú cuò
3. 很不好
hěn bù hǎo

Interview a partner

1. 你觉得北京的天气怎么样?
nǐ jué de běi jīng de tiān qì zěn me yàng
2. 你们这里的天气好不好?
nǐ men zhè lǐ de tiān qì hǎo bu hǎo
3. 这里夏天热不热? 冬天冷不冷?
zhè lǐ xià tiān rè bu rè dōng tiān lěng bu lěng
4. 你觉得哪个季节最好?
nǐ jué de nǎ ge jì jié zuì hǎo

Writing

Use Chinese to write a letter to a friend living in another city. Describe the weather in your city and don't forget to ask when they are coming for a visit at the end of the letter.

Phonetics

1. Listen to the tape, and then answer the following questions.

(1) Where is the woman?

(2) What is the boy going to do?

(3) Is it in spring or in summer when they have this telephone conversation?

(4) Has Ms. Wang been busy these days?

(5) Does Ms. Wang invite David to come to Beijing?

2. Read aloud the following children's song.

春天在哪里呀，春天在哪里？
chūn tiān zài nǎ li ya chūn tiān zài nǎ li
春天在那青翠的山林里，
chūn tiān zài nà qīng cuì de shān lín lǐ
这里有红花呀，这里有绿草，
zhè lǐ yǒu hóng huā ya zhè lǐ yǒu lǜ cǎo
还有那会唱歌的小黄鹂。
hái yǒu nà huì chàng gē de xiǎo huáng lí

Where is spring? Where is spring? Spring lies in the green woods, with red flowers and green grass, and the singing little orioles.

Sing a song

嘀哩嘀哩

dī lī dī lī

望安 词
潘振声 曲

Learn to write

1. Structure of Chinese characters

新	忙	秋	冷	非
冬	夏	最	热	常

2. Examples of components

部件 bù jiàn	甲骨文 jiǎ gǔ wén	金文 jīn wén	小篆 xiǎo zhuàn	楷书 kǎi shū	组字 zǔ zì
斤				斤	新 近
亡				亡	忙
夂				夂	冬 夏
冫				冫	冷

UNIT SUMMARY

FUNCTIONAL USAGE

1. Inquiring about and giving the time

现 在 几 点? 现 在 九 点 半。
xiàn zài jǐ diǎn xiàn zài jiǔ diǎn bàn

2. Explaining one's schedule

我 每 天 七 点 一 刻 起 床。
wǒ měi tiān qī diǎn yí kè qǐ chuáng

3. Inquiring about and giving the date

今 天 几 月 几 号?
jīn tiān jǐ yuè jǐ hào

今 天 十 一 月 二 十 三 号。
jīn tiān shí yī yuè èr shí sān hào

4. Inquring about and explaining one's plans

星 期 六 你 打 算 干 什 么?
xīng qī liù nǐ dǎ suàn gàn shén me

我 打 算 跟 大 卫、杰 克 一 起 看 电 影。
wǒ dǎ suàn gēn dà wèi jié kè yì qǐ kàn diàn yǐng

5. Inquiring about and telling the weather

今 天 天 气 怎 么 样?
jīn tiān tiān qì zěn me yàng

现 在 刮 风, 下 午 可 能 下 雨。
xiàn zài guā fēng xià wǔ kě néng xià yǔ

6. Expressing one's opinions

我 觉 得 北 京 的 秋 天 最 好。
wǒ jué de běi jīng de qiū tiān zuì hǎo

7. Explaining the climate

冬 天 很 冷, 夏 天 很 热,
dōng tiān hěn lěng xià tiān hěn rè

秋 天 不 冷 也 不 热。
qiū tiān bù lěng yě bú rè

GRAMMAR FOCUS

Sentence pattern	Example
1. 现在九点半。 xiàn zài jiǔ diǎn bàn	
2. 我每天七点一刻起床。 wǒ měi tiān qī diǎn yí kè qǐ chuáng	
3. 今天十一月二十三号。 jīn tiān shí yī yuè èr shí sān hào	
4. ……跟……一起 gēn yì qǐ	我跟你们一起去看电影。 wǒ gēn nǐ men yì qǐ qù kàn diàn yǐng
5. ……打算…… dǎ suàn	我打算跟大卫一起看电影。 wǒ dǎ suàn gēn dà wèi yì qǐ kàn diàn yǐng
6. ……怎么样 zěn me yàng	今天天气怎么样? jīn tiān tiān qì zěn me yàng
7. ……觉得…… jué de	我觉得北京的秋天最好。 wǒ jué de běi jīng de qiū tiān zuì hǎo

Unit Five

Food and Clothing

Look and Say

Wǒ yào èrshí ge jiǎozi.

Yígòng duōshao qián?

Chuān zhè jiàn háishi
chuān nà jiàn?

25 我要二十个饺子

wǒ yào èr shí ge jiǎo zi

Look and Say

饺 子
jiǎo zi

包 子
bāo zi

蛋 炒 饭
dànchǎofàn

鸡 蛋 汤
jī dàntāng

饮 料
yǐn liào

New words

1. 先生	xiānsheng	(n.)	mister; sir; gentleman
2. (一)点（儿）	(yì)diǎn(r)	(m.)	a little; a bit; some (here something)
3. 饺子	jiǎozi	(n.)	dumpling
4. 个	gè	(m.)	measure word ①
5. 喝	hē	(v.)	drink
6. 饮料	yǐnliào	(n.)	beverage
7. 碗	wǎn	(m.)	bowl
8. 鸡蛋	jīdàn	(n.)	egg
9. 汤	tāng	(n.)	soup

① Usually used before a noun having no particular classifier.

Jack is eating dinner at a Chinese restaurant.

服 务 员：先 生，您 吃 点 儿 什 么？
fú wù yuán xiān sheng nín chī diǎnr shén me

杰 克：有 饺 子 吗？
jié kè yǒu jiǎo zi ma

服 务 员：有，要 多 少？
fú wù yuán yǒu yào duō shao

杰 克：二 十 个 饺 子。
jié kè èr shí ge jiǎo zi

服 务 员：好。您 喝 什 么 饮 料？
fú wù yuán hǎo nín hē shén me yǐn liào

杰 克：我 不 要 饮 料，要 一 碗 鸡 蛋 汤。
jié kè wǒ bú yào yǐn liào yào yì wǎn jī dàn tāng

服 务 员：好。
fú wù yuán hǎo

Read and match

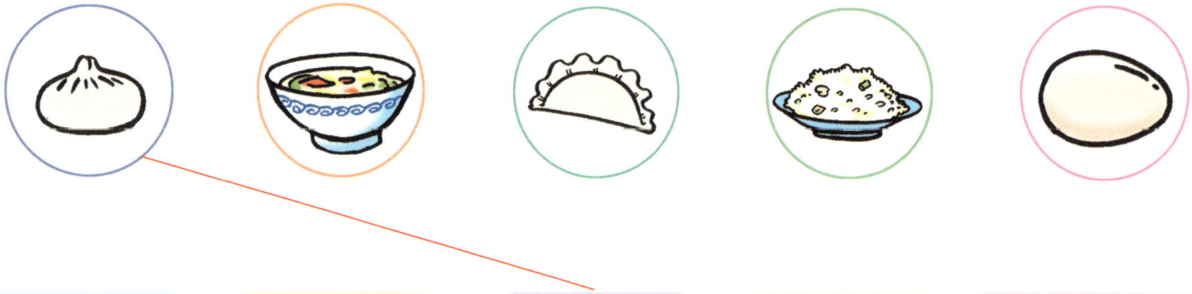

一 个 饺 子 yí ge jiǎo zi	一 个 鸡 蛋 yí ge jī dàn	一 个 包 子 yí ge bāo zi	一 碗 汤 yì wǎn tāng	一 份 蛋 炒 饭 yí fèn dànchǎofàn

Conversation practice: Substitute the alternate words to make a new dialogue.

A：您 好！您 吃 点 儿 什 么？
nín hǎo nín chī diǎnr shén me

B：二 十 个 饺 子。
èr shí ge jiǎo zi

A：您 喝 点 儿 什 么？
nín hē diǎnr shén me

B：我 不 要 饮 料，要 一 碗 汤。
wǒ bú yào yǐn liào yào yì wǎn tāng

1. 六 个 包 子
liù ge bāo zi

2. 十 个 包 子
shí ge bāo zi

3. 一 份 蛋 炒 饭
yí fèn dàn chǎo fàn

Class activity

You have $15 to spend. What would you like to eat?

饺子	jiǎozi	Dumplings	$3
包子	bāozi	Steamed stuffed bun	$3
蛋炒饭	dànchǎofàn	Fried rice with eggs	$5
鸡蛋汤	jīdàntāng	Egg soup	$2
酸甜肉	suāntiánròu	Sweet and sour meat	$10

Phonetics

1. Listen to the tape, and then answer the following questions.

(1) What would he like to eat?

(2) How much does he want?

(3) Does he want anything to drink?

2. Read aloud the following Chinese ancient poem.

锄	禾	日	当	午，
chú	hé	rì	dāng	wǔ
汗	滴	禾	下	土。
hàn	dī	hé	xià	tǔ
谁	知	盘	中	餐，
shuí	zhī	pán	zhōng	cān
粒	粒	皆	辛	苦。
lì	lì	jiē	xīn	kǔ

At noon they hoe up weeds.
Their sweat drips on the soil.
Who knows the rice that feeds
is the fruit of hard toil!

Learn to write

1. Structure of Chinese characters

子	个	先	饺
喝	饮	料	鸡
汤	碗		

2. Examples of components

部件 bù jiàn	甲骨文 jiǎ gǔ wén	金文 jīn wén	小篆 xiǎo zhuàn	楷书 kǎi shū	组字 zǔ zì
饣				食	饺 饮
石				石	碗
鸟				鸟(鳥)	鸡
𠃓		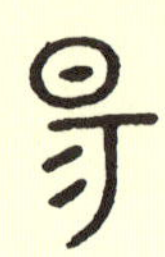		𠃓(昜)	汤

26 你们家买不买年货

nǐ men jiā mǎi bu mǎi nián huò

Look and Say

年货
nián huò

压岁钱
yā suì qián

礼物
lǐ wù

New words

1. 热闹	rènao	(adj.)	busy; bustling
2. 为什么	wèishénme		why
3. 因为	yīnwèi	(conj.)	because
4. 后天	hòutiān	(n.)	the day after tomorrow
5. 买	mǎi	(v.)	buy
6. 年货	niánhuò	(n.)	special purchases for the Spring Festival
7. 过年	guònián	(v.)	celebrate the New Year or the Spring Festival
8. 用	yòng	(v.)	use
9. 东西	dōngxi	(n.)	thing; stuff
10. 礼物	lǐwù	(n.)	present; gift
11. 去年	qùnián	(n.)	last year
12. 收到	shōu dào		receive; get
13. 多	duō	(adj.)	many; much
14. 压岁钱	yāsuìqián	(n.)	money given to children as a lunar New Year gift

Wang Jiaming is talking about the Spring Festival with Jack.

杰克：今天这里很热闹，为什么？
jié kè　jīn tiān zhè lǐ hěn rè nao　wèi shén me

家明：因为后天是春节，大家都买年货。
jiā míng　yīn wèi hòu tiān shì chūn jié　dà jiā dōu mǎi nián huò

杰克：什么是年货？
jié kè　shén me shì nián huò

家明：年货是过年的时候吃的和用的东西。
jiā míng　nián huò shì guò nián de shí hou chī de hé yòng de dōng xi

杰克：过年的时候有没有礼物？
jié kè　guò nián de shí hou yǒu méi yǒu lǐ wù

家明：有啊。去年我收到很多礼物，还收到很多压岁钱。
jiā míng　yǒu a　qù nián wǒ shōu dào hěn duō lǐ wù　hái shōu dào hěn duō yā suì qián

Read aloud

很 多 礼 物
hěn duō lǐ wù

很 多 东 西
hěn duō dōng xi

很 多 压 岁 钱
hěn duō yā suì qián

春 节 的 时 候
chūn jié de shí hou

过 年 的 时 候
guò nián de shí hou

吃 饭 的 时 候
chī fàn de shí hou

On your own: Make conversations according to the given words.

A：这 里 很 热 闹，为 什 么？
zhè lǐ hěn rè nao wèishén me

B：因 为 后 天 是 春 节。
yīn wèi hòu tiān shì chūn jié

1. 他 们 家 很 热 闹 今 天 是 春 节
tā men jiā hěn rè nao jīn tiān shì chūn jié

2. 他 很 高 兴 他 收 到 很 多 礼 物
tā hěn gāo xìng tā shōudào hěn duō lǐ wù

3. 她 很 高 兴 她 收 到 很 多 压 岁 钱
tā hěn gāo xìng tā shōudào hěn duō yā suì qián

Interview your partners

1. 过 年 的 时 候，你 们 家 买 年 货 吗？
guò nián de shí hou nǐ men jiā mǎi nián huò ma

2. 爸 爸 妈 妈 给 你 压 岁 钱 吗？
bà ba mā ma gěi nǐ yā suì qián ma

3. 你 喜 欢 过 年 吗？为 什 么？
nǐ xǐ huan guò nián ma wèi shén me

Class activity

1. What are the similarities and differences in how people celebrate Spring Festival and Christmas?

春 节
families get together
give children money as a gift
...

圣诞节
families get together
give children gifts
...

2. Chinese families usually decorate the windows with paper-cuts during Spring Festival. These paper-cuts are all made by hand. Why don't you try to make some of your own paper-cuts?

Phonetics

1. Listen to the tape, and then answer the following questions.

(1) Why does the boy buy a cake?

(2) Does he buy any gifts for his mother?

(3) What gift does he buy?

2. Read aloud the following children's song.

新年到，新年到，
xīn nián dào xīn nián dào

穿新衣，戴新帽，
chuān xīn yī dài xīn mào

吃饺子，放花炮，
chī jiǎo zi fàng huā pào

新年、新年真热闹！
xīn nián xīn nián zhēn rè nao

New Year is here. New Year is here.

We have new clothes and hats to wear.

A time to make dumplings and set off firecrackers.

What a lively and crazy New Year!

Learn to write

1. Structure of Chinese characters

为	用	东	西
礼	物	收	买
后	过	闹	因

2. Examples of components

部件 bù jiàn	甲骨文 jiǎ gǔ wén	金文 jīn wén	小篆 xiǎo zhuàn	楷书 kǎi shū	组字 zǔ zì
牜				牛	物
囗				囗	因
攵				攵	收

27 一共多少钱

yí gòng duō shao qián

Look and Say

果酱
guǒ jiàng

口香糖
kǒu xiāngtáng

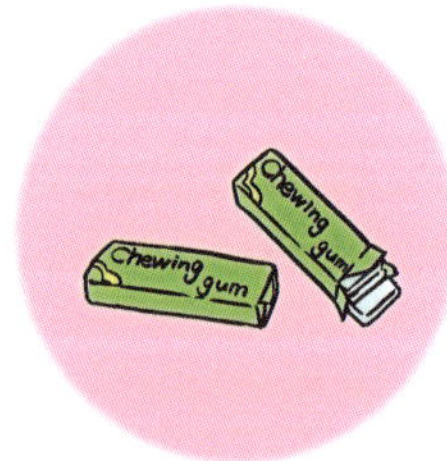

黄油
huáng yóu

面包
miàn bāo

New words

1. 盒	hé	(m.)	box
2. 牛奶	niúnǎi	(n.)	milk
3. 瓶	píng	(m.)	bottle
4. 果酱	guǒjiàng	(n.)	jam
5. 块	kuài	(m.)	lump; piece ①
6. 黄油	huángyóu	(n.)	butter
7. 面包	miànbāo	(n.)	bread
8. 别的	biéde	(pron.)	else; other; another
9. 包	bāo	(m.)	measure word ②
10. 口香糖	kǒuxiāngtáng	(n.)	chewing gum
11. 一共	yígòng	(adv.)	altogether
12. 找	zhǎo	(v.)	give change

① Used of sth. cubical or flat in shape.

② Used of bunddled or packaged things.

Wang Jiaming is shopping.

店员：您好，您买什么？
diàn yuán nín hǎo nín mǎi shén me

家明：我买一盒牛奶、一瓶果酱、三块黄油和两个面包。
jiā míng wǒ mǎi yì hé niú nǎi yì píng guǒ jiàng sān kuài huáng yóu hé liǎng ge miàn bāo

店员：还要别的东西吗？
diàn yuán hái yào bié de dōng xi ma

家明：还要一包口香糖。一共多少钱？
jiā míng hái yào yì bāo kǒu xiāng táng yí gòng duō shao qián

店员：一共十二元。
diàn yuán yí gòng shí èr yuán

店员：这是一百元，找您八十八元。
diàn yuán zhè shì yì bǎi yuán zhǎo nín bā shí bā yuán

Read and match

两碗汤
liǎng wǎn tāng

一块黄油
yí kuài huángyóu

两瓶果酱
liǎng píng guǒ jiàng

一盒牛奶
yì hé niú nǎi

两个面包
liǎng ge miàn bāo

一百元钱
yì bǎi yuán qián

四个饺子
sì ge jiǎo zi

两包口香糖
liǎng bāo kǒu xiāng táng

Conversation practice: Substitute the alternate words to make a new dialogue.

A：一 共 多 少 钱？
yí gòng duō shao qián

B：一 共 48元，这 是 50元，找 您 2元。
yí gòng yuán zhè shi yuán zhǎo nín yuán

1.	55元	100元	45元
2.	69元	70元	1元
3.	88元	100元	12元

Calculations: Read the result out loud in Chinese.

20 − 11 =   50 − 13 =   100 − 78 =   80 − 59 =

Class activity: Going shopping.

Come to think of it, what do you need since your refrigerator is almost empty? Make a shopping list.

Phonetics

1. Listen to the tape, and then answer the following questions.

(1) What does the boy buy?

(2) How much does he spend on these things?

2. Read aloud the following riddle and make a guess.

双	手	抓	不	起，
shuāng	shǒu	zhuā	bù	qǐ
大	刀	劈	不	开。
dà	dāo	pī	bù	kāi
做	饭	和	洗	衣，
zuò	fàn	hé	xǐ	yī
都	要	请	它	来。
dōu	yào	qǐng	tā	lái

You can neither hold it in your hand nor cut it in half with a knife, but you cannot do without it when cooking and washing.

Learn to write

1. Structure of Chinese characters

牛	果	共	块
油	别	糖	瓶
盒	香	酱	

2. Examples of components

部件 bù jiàn	甲骨文 jiǎ gǔ wén	金文 jīn wén	小篆 xiǎo zhuàn	楷书 kǎi shū	组字 zǔ zì
土				土	块
由				由	油
另				另	别
唐				唐	糖
酉				酉	酱
瓦				瓦	瓶

28 你喜欢什么颜色
nǐ xǐ huan shén me yán sè

Look and Say

New words

1. 颜色	yánsè	(n.)	color
2. 蓝色	lánsè	(n.)	blue
3. 大海	dàhǎi	(n.)	sea; ocean
4. 绿色	lǜsè	(n.)	green
5. 树木	shùmù	(n.)	tree
6. 草地	cǎodì	(n.)	grassland
7. 红色	hóngsè	(n.)	red
8. 橙色	chéngsè	(n.)	orange
9. 种	zhǒng	(m.)	kind; sort; type
10. 明亮	míngliàng	(adj.)	bright

David, Mary and Wang Jiaming are watching a fashion show.

大 卫：你 喜 欢 什 么 颜 色？
dà wèi nǐ xǐ huan shén me yán sè

玛 丽：我 喜 欢 蓝 色，蓝 色 是 大 海 的 颜 色。你 呢？
mǎ lì wǒ xǐ huan lán sè lán sè shì dà hǎi de yán sè nǐ ne

大 卫：我 喜 欢 绿 色。
dà wèi wǒ xǐ huan lǜ sè

玛 丽：为 什 么？
mǎ lì wèi shén me

大 卫：因 为 树 木、草 地 都 是 绿 色 的。家 明 呢，你 喜 欢 什 么 颜 色？
dà wèi yīn wèi shù mù cǎo dì dōu shì lǜ sè de jiā míng ne nǐ xǐ huan shén me yán sè

家 明：我 喜 欢 红 色 和 橙 色，这 两 种 颜 色 很 明 亮。
jiā míng wǒ xǐ huan hóng sè hé chéng sè zhè liǎng zhǒng yán sè hěn míng liàng

On your own: Ask and answer questions based on the following pictures.

Example

A：树 木 是 什 么 颜 色 的？
shù mù shì shén me yán sè de

B：树 木 是 绿 色 的。
shù mù shì lǜ sè de

大 海
dà hǎi

草 地
cǎo dì

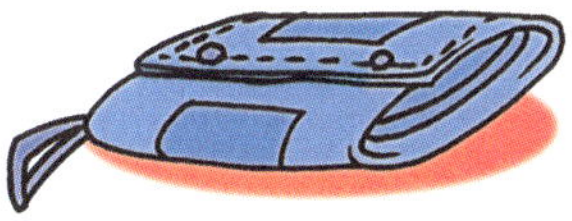

钱 包
qián bāo

文 具 盒
wén jù hé

雨 伞
yǔ sǎn

Conversation practice: Substitute the alternate words to make a new dialogue.

A：你 喜 欢 什 么 颜 色？
nǐ xǐ huan shén me yán sè

B：我 喜 欢 绿 色。
wǒ xǐ huan lǜ sè

A：为 什 么？
wèi shén me

B：因 为 绿 色 是 草 地 的 颜 色。
yīn wèi lǜ sè shì cǎo dì de yán sè

1. 红 色 — 红 色 很 明 亮
hóng sè — hóng sè hěn míng liàng

2. 橙 色 — 橙 色 很 漂 亮
chéng sè — chéng sè hěn piào liang

3. 蓝 色 — 蓝 色 是 天 空 的 颜 色
lán sè — lán sè shì tiān kōng de yán sè

Interview your friends

1. 你 喜 欢 什 么 颜 色？为 什 么？
nǐ xǐ huan shén me yán sè wèi shén me

2. 你 爸 爸 妈 妈 喜 欢 什 么 颜 色？
nǐ bà ba mā ma xǐ huan shén me yán sè

3. 你 的 汉 语 老 师 喜 欢 什 么 颜 色？
nǐ de hàn yǔ lǎo shī xǐ huan shén me yán sè

4. 你 的 朋 友 们 喜 欢 什 么 颜 色？
nǐ de péng you men xǐ huan shén me yán sè

Class activity

A maze of color (see the appendix).

Phonetics

1. Listen to the tape, and then answer the following questions.

(1) What color does the girl like? Why?

(2) What color does the boy like ?Why?

2. Read aloud the following Chinese ancient poem.

鹅，	鹅，	鹅，		
é	é	é		
曲	项	向	天	歌。
qū	xiàng	xiàng	tiān	gē
白	毛	浮	绿	水，
bái	máo	fú	lǜ	shuǐ
红	掌	拨	清	波。
hóng	zhǎng	bō	qīng	bō

Geese, geese, geese,

singing into the sky with curving necks.

White feather floating on the turquoise water,

red pads playing with crystal ripples.

Learn to write

1. Structure of Chinese characters

木	颜	海	绿
地	红	橙	色
草	蓝	树	

2. Examples of components

部件 bù jiàn	甲骨文 jiǎ gǔ wén	金文 jīn wén	小篆 xiǎo zhuàn	楷书 kǎi shū	组字 zǔ zì
页				页(頁)	颜
录				录	绿
工				工	红
纟				糸	绿

29 穿这件还是穿那件

chuān zhè jiàn hái shi chuān nà jiàn

Look and Say

New words

1. 件	jiàn	(m.)	piece ①
2. 衣服	yīfu	(n.)	clothes
3. 不错	búcuò	(adj.)	not bad
4. 穿	chuān	(v.)	wear
5. 还是	háishi	(conj.)	or
6. 如果	rúguǒ	(conj.)	if
7. 配	pèi	(v.)	match; go well with
8. 黑色	hēisè	(n.)	black
9. 裙子	qúnzi	(n.)	dress

① Mainly used of clothes or matters.

Mary is going to a party and she is asking her mother which dress she should wear.

玛丽：妈妈，这件衣服怎么样？
mǎ lì mā ma zhè jiàn yī fu zěn me yàng

妈妈：这件衣服很漂亮。
mā ma zhè jiàn yī fu hěn piào liang

玛丽：那件呢？
mǎ lì nà jiàn ne

妈妈：那件也不错。
mā ma nà jiàn yě bú cuò

玛丽：今天我穿哪件？穿这件还是穿那件？
mǎ lì jīn tiān wǒ chuān nǎ jiàn chuān zhè jiàn hái shi chuān nà jiàn

妈妈：如果配黑色的裙子，这件不好，那件好。
mā ma rú guǒ pèi hēi sè de qún zi zhè jiàn bù hǎo nà jiàn hǎo

On your own: Ask and answer questions based on the following pictures.

1. A：这件衣服怎么样？
zhè jiàn yī fu zěn me yàng
B：这件衣服很漂亮。
zhè jiàn yī fu hěn piào liang

1. 条 tiáo	红裙子 hóng qún zi	很不错 hěn bú cuò
2. 条 tiáo	黑裙子 hēi qún zi	也很漂亮 yě hěn piào liang

2. A：你喜欢红色还是蓝色？
nǐ xǐ huan hóng sè hái shi lán sè
B：我喜欢红色。
wǒ xǐ huan hóng sè

1. 绿色 lǜ sè	黑色 hēi sè
2. 红色 hóng sè	橙色 chéng sè

Class activity

1. Fashion designer

Have you ever tried to design any clothes? Design an outlit, complete with colors, then use Chinese to describe it to your classmates.

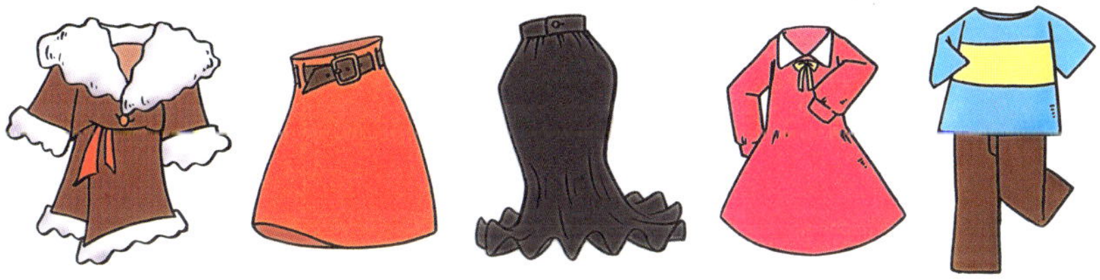

裤子	kùzi	pants
鞋子	xiézi	shoes
帽子	màozi	hat
袜子	wàzi	socks

2. Partiality for colors

Check your wardrobe and write down the colors of all your clothes. What color predominates your wardrobe? Is it your favorite color? Exchange what you have written down with your friends and ask for their suggestions on the colors of your clothing.

Phonetics

1. Listen to the tape, and then answer the following questions.

(1) Which clothes does the boy think looks good? Why?

(2) What color does the boy think matches the red dress?

2. Read aloud the following tongue twister.

小 方 和 小 黄，
xiǎo fāng hé xiǎo huáng

一 起 画 凤 凰。
yì qǐ huà fèng huáng

小 方 画 黄 凤 凰，
xiǎo fāng huà huáng fèng huáng

小 黄 画 红 凤 凰。
xiǎo huáng huà hóng fèng huáng

红 凤 凰 和 黄 凤 凰，
hóng fèng huáng hé huáng fèng huáng

样 子 都 像 活 凤 凰。
yàng zi dōu xiàng huó fèng huáng

Xiao Fang and Xiao Huang are competing in drawing a phoenix.

Xiao Fang is drawing a yellow phoenix.

Xiao Huang is drawing a red phoenix.

Red phoenix and yellow phoenix are both like real phoenixes.

Learn to write

1. Structure of Chinese characters

衣	件	服	错	如
配	裙	穿	黑	

2. Examples of components

部件 bù jiàn	甲骨文 jiǎ gǔ wén	金文 jīn wén	小篆 xiǎo zhuàn	楷书 kǎi shū	组字 zǔ zì
衤				衣	裙
穴				穴	穿
己			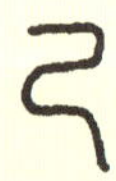	己	配
昔				昔	错

30 他什么样子
tā shén me yàng zi

Review

Look and Say

CAN YOU DESCRIBE THESE PEOPLE?

New words

1. 样子	yàngzi	(n.)	appearance; look
2. 辆	liàng	(m.)	measure word ①
3. 白色	báisè	(n.)	white
4. 男	nán	(adj.)	man
5. 头发	tóufa	(n.)	hair
6. 长	cháng	(adj.)	long
7. 戴	dài	(v.)	(of glasses, hats) wear
8. 副	fù	(m.)	pair; set
9. 墨镜	mòjìng	(n.)	dark glasses; sunglasses
10. 黄色	huángsè	(n.)	yellow
11. 紫色	zǐsè	(n.)	purple
12. 车牌	chēpái	(n.)	licence plate
13. 号码	hàomǎ	(n.)	number

Wang Jiaming was the victim of a hit-and-run accident. The policeman asked him to describe the car and the driver, so Wang Jiaming gave the following description.

那辆车是白色的。开车的人是男的，头发很长，戴一副墨镜，穿黄色的衣服，紫色的裤子。车牌号码是 FC59633。

Nà liàng chē shì báisè de. Kāichē de rén shì nán de, tóufa hěn cháng, dài yí fù mòjìng, chuān huángsè de yīfu, zǐsè de kùzi. Chēpái hàomǎ shì FC59633.

---

① Used with vehicles.

Read aloud

男 的
nán de

女 的
nǚ de

长 头 发
cháng tóu fa

短 头 发
duǎn tóu fa

一 辆 黑 色 的 汽 车
yí liàng hēi sè de qì chē

一 副 墨 镜
yí fù mò jìng

一 条 紫 色 的 裤 子
yì tiáo zǐ sè de kù zi

一 件 红 色 的 衣 服
yí jiàn hóng sè de yī fu

On your own: Ask and answer questions based on the following pictures.

1. A：那 辆 车 是 白 色 的 吗？
nà liàng chē shì bái sè de ma

B：对，是 白 色 的。
duì shì bái sè de

1. 车 牌 号 码 FC59633
chē pái hào mǎ

2. 开 车 的 人 男 的
kāi chē de rén nán de

2. A：他 的 头 发 是 短 的 吗？
tā de tóu fa shì duǎn de ma

B：不，他 的 头 发 是 长 的。
bù tā de tóu fa shì cháng de

1. 衣 服 红 色 橙 色
yī fu hóng sè chéng sè

2. 裤 子 黑 色 紫 色
kù zi hēi sè zǐ sè

Phonetics

1. Listen to the tape, and then answer the following questions.

(1) What does the man the girl asks about buy?

(2) What color are the jacket and pants the man wears?

(3) What color is the man's hair?

2. Read aloud the following children's song.

小	小	姑	娘	清	早	起	床，	
xiǎo	xiǎo	gū	niang	qīng	zǎo	qǐ	chuáng	
提	着	花	篮	上	市	场，		
tí	zhe	huā	lán	shàng	shì	chǎng		
穿	过	大	街，	走	过	小	巷，	
chuān	guò	dà	jiē	zǒu	guò	xiǎo	xiàng	
卖	花	儿	卖	花	儿	声	声	唱。
mài	huār		mài	huār		shēng	shēng	chàng

A little girl got up early in the morning. She went to the market with a basket of flowers for selling. Going through streets and lanes so zigzagging, "flowers for selling" was what she was singing.

Can you sing it?

卖花小姑娘

mài huā xiǎo gū niang

Learn to write

1. Structure of Chinese characters

白	头	长	发	开
辆	副	镜	牌	码
男	紫	墨	戴	

2. Examples of components

部件 bù jiàn	甲骨文 jiǎ gǔ wén	金文 jīn wén	小篆 xiǎo zhuàn	楷书 kǎi shū	组字 zǔ zì
车		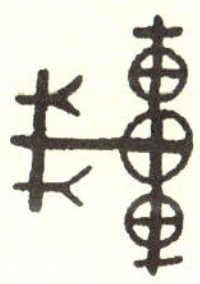		车(車)	辆
片				片	牌
田	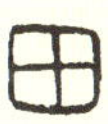			田	男
力				力	男
糸				糸	紫

UNIT SUMMARY

FUNCTIONAL USAGE

1. Ordering food in a restaurant

我 要 二 十 个 饺 子。
wǒ yào èr shí ge jiǎo zi

我 要 一 碗 鸡 蛋 汤。
wǒ yào yì wǎn jī dàn tāng

2. Inquiring about and giving reasons

今 天 这 里 很 热 闹，
jīn tiān zhè lǐ hěn rè nao

为 什 么？
wèi shén me

因 为 后 天 是 春 节，
yīn wèi hòu tiān shì chūn jié

大 家 都 买 年 货。
dà jiā dōu mǎi nián huò

3. Inquiring about and telling about the sum of money

一 共 多 少 钱？
yí gòng duō shao qián

一 共 十 二 元。
yí gòng shí èr yuán

4. Inquiring about and telling about one's favorite color

你 喜 欢 什 么 颜 色？
nǐ xǐ huan shén me yán sè

我 喜 欢 蓝 色。
wǒ xǐ huan lán sè

5. Asking for others' opinion on something

我 穿 这 件 还 是
wǒ chuān zhè jiàn hái shi

穿 那 件？
chuān nà jiàn

6. Describing the features of someone

开 车 的 人 是 男 的，
kāi chē de rén shì nán de

头 发 很 长，戴 一 副
tóu fa hěn cháng dài yí fù

墨 镜。
mò jìng

GRAMMAR FOCUS

Sentence pattern	Example
1. (一)点儿 yì diǎnr	您吃点儿什么？ nín chī diǎnr shén me
2. 因为…… yīn wèi	因为后天是春节， yīn wèi hòu tiān shì chūn jié 大家都买年货。 dà jiā dōu mǎi nián huò
3. V. + 什么 shén me	您买什么？ nín mǎi shén me
4. ……还是…… hái shi	今天我穿这件还是穿那件？ jīn tiān wǒ chuān zhè jiàn hái shi chuān nà jiàn
5. 如果…… rú guǒ	如果配黑色的裙子， rú guǒ pèi hēi sè de qún zi 这件不好，那件好。 zhè jiàn bù hǎo nà jiàn hǎo
6. 是……的 shì de	那辆车是白色的。 nà liàng chē shì bái sè de

Unit Six

Sports and Health

Look and Say

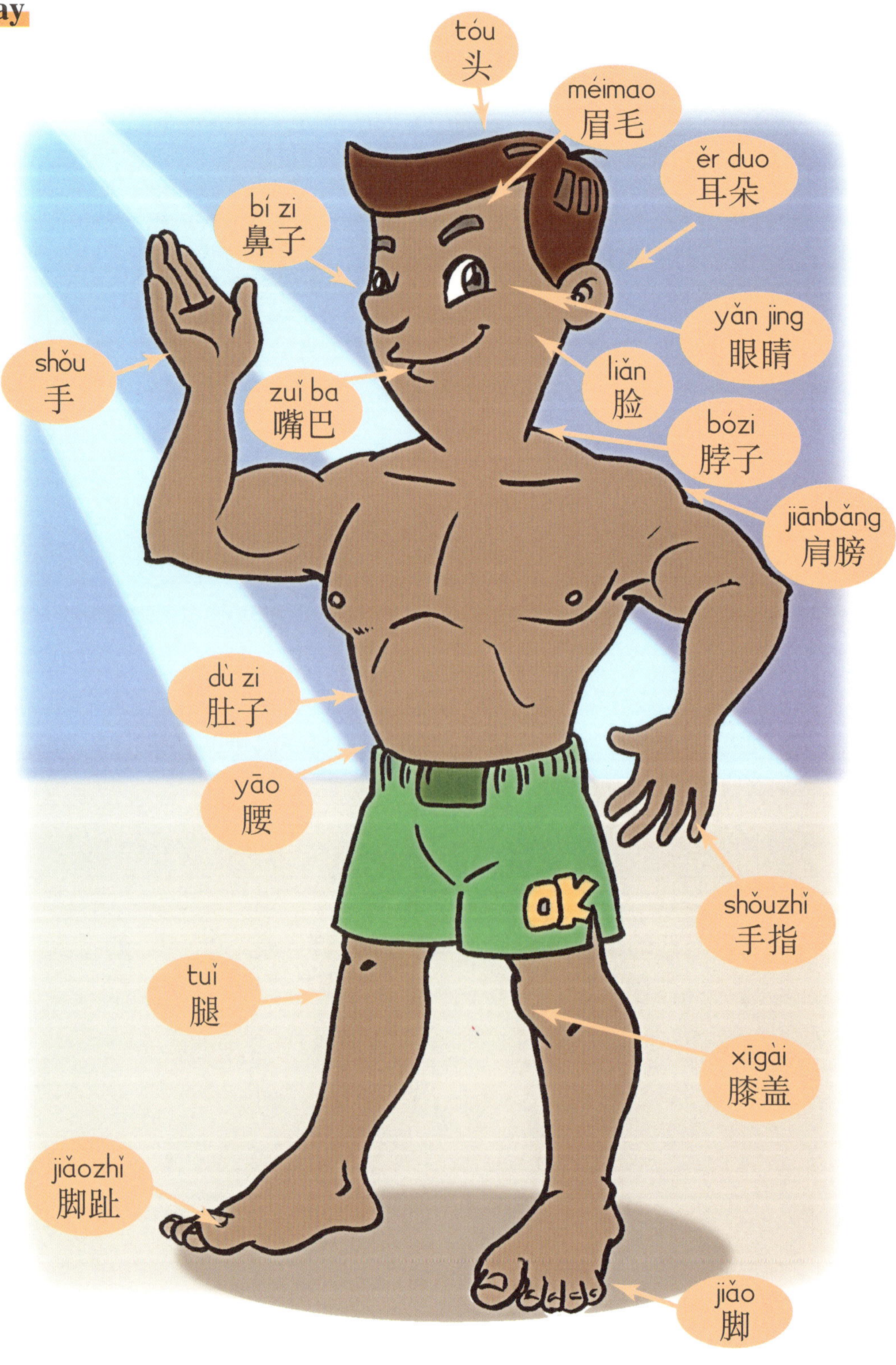

31 你哪儿不舒服
nǐ nǎr bù shū fu

Look and Say

医生
yī shēng

看病
kàn bìng

吃药
chī yào

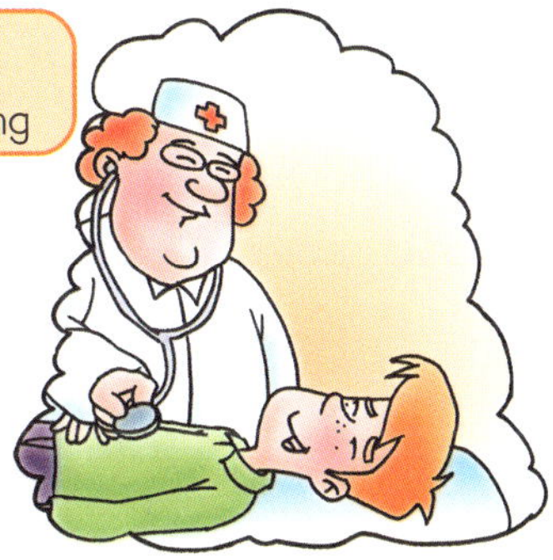

检查身体
jiǎn chá shēn tǐ

病人
bìng rén

New words

1. 疼	téng	(v.)	ache; hurt
2. 左	zuǒ	(n.)	left
3. 腿	tuǐ	(n.)	leg
4. 舒服	shūfu	(adj.)	be well; comfortable
5. 头	tóu	(n.)	head
6. 有点儿	yǒudiǎnr	(adv.)	a bit; rather ①
7. 检查	jiǎnchá	(v.)	examine; check
8. 一下儿	yíxiàr		once ②
9. 身体	shēntǐ	(n.)	health; body
10. 问题	wèntí	(n.)	problem
11. 药	yào	(n.)	medicine
12. 休息	xiūxi	(v.)	rest

① Usu. used of sth. unfavorable.

② Used after a verb, indicating an act or an attempt.

Wang Jiaming gets examined at the emergency room.

医生：你哪儿疼？
yī shēng nǐ nǎr téng

家明：我左腿疼。
jiā míng wǒ zuǒ tuǐ téng

医生：还有哪儿不舒服？
yī shēng hái yǒu nǎr bù shū fu

家明：我的头有点儿疼。
jiā míng wǒ de tóu yǒu diǎnr téng

医生：好，我检查一下儿。你的身体没有大问题，吃点儿药，休息一天吧。
yī shēng hǎo wǒ jiǎn chá yí xiàr nǐ de shēn tǐ méi yǒu dà wèn tí chī diǎnr yào xiū xi yì tiān ba

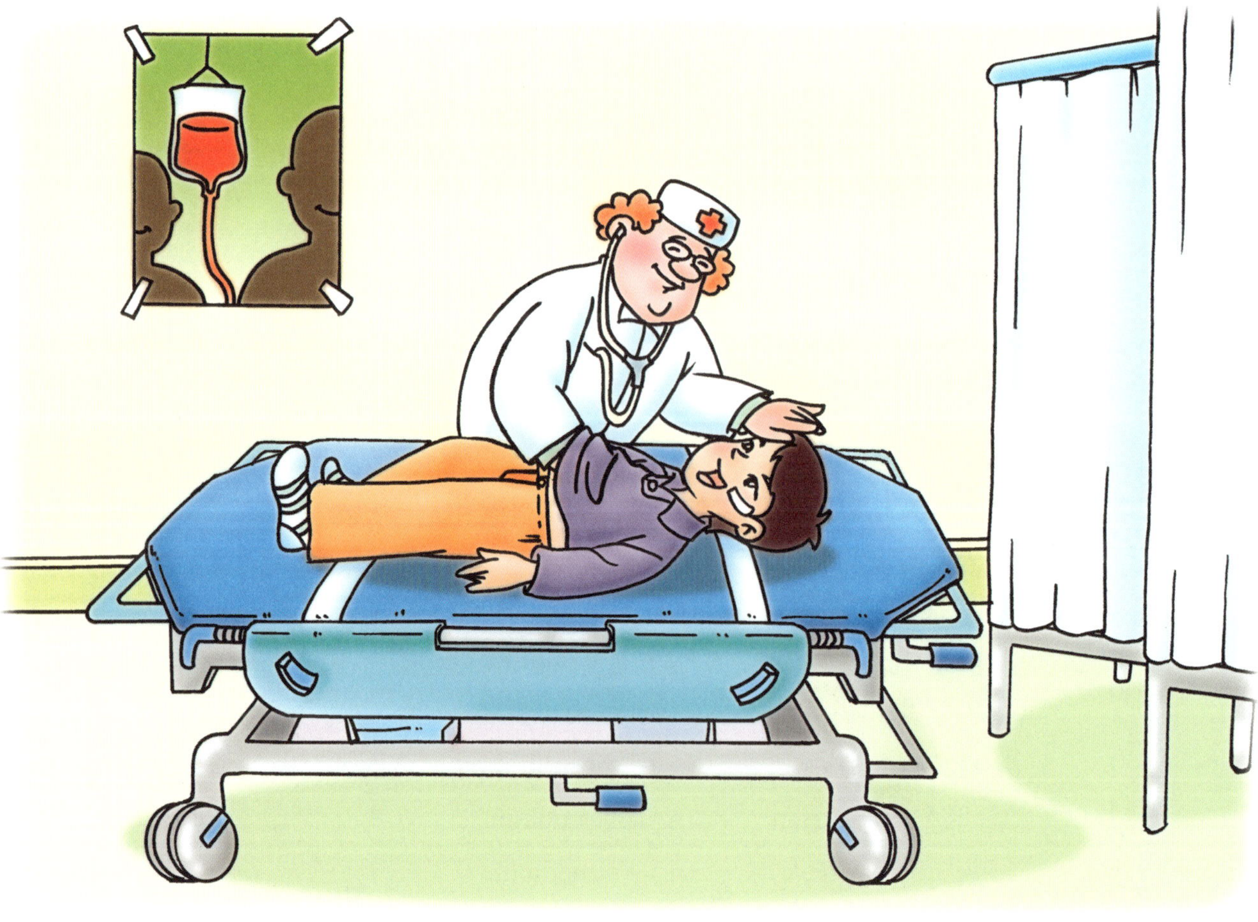

Answer the following questions.

1. 王 家 明 的 身 体 怎 么 样?
   wáng jiā míng de shēn tǐ zěn me yàng
2. 他 哪 儿 疼?
   tā nǎr téng
3. 他 哪 儿 不 舒 服?
   tā nǎr bù shū fu

Where does he hurt?

Tā nǎr téng?

他 头 疼、眼 睛 疼、耳 朵 疼、肚 子 疼,他 的 腿 也 疼。他 很 不 舒 服。
tā tóuténg yǎn jingténg ěr duoténg dù zi téng tā de tuǐ yě téng tā hěn bù shū fu

On your own: Ask and answer questions based on the following pictures.

A: 你 哪 儿 不 舒 服?
ní nǎr bù shū fu

B: 我 的 头 有 点 儿 疼。
wǒ de tóu yǒudiǎnr téng

头
tóu

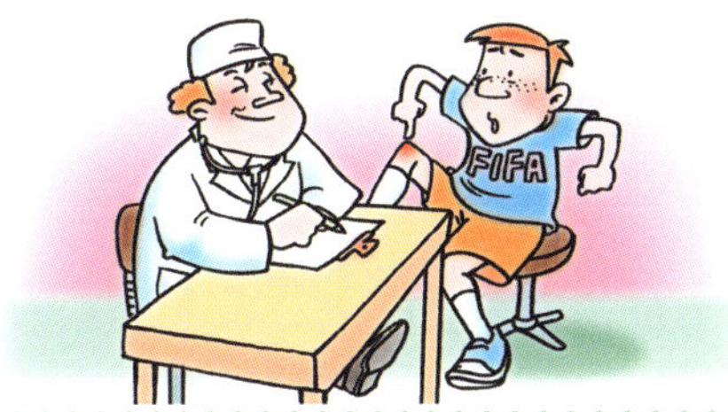

腿
tuǐ

Class activity: Doctor, doctor, I need help...

Students get in groups of 5-6. One acts as the doctor and others as patients.

Phonetics

1. Listen to the tape, and then answer the following questions.

(1) What does the woman do?

(2) What is wrong with the man?

(3) What does the woman suggest the man do?

2. Read aloud the following tongue twister.

吃 葡 萄 不 吐 葡 萄 皮 儿，
chī pú tao bù tǔ pú tao pír

不 吃 葡 萄 倒 吐 葡 萄 皮 儿。
bù chī pú tao dào tǔ pú tao pír

Eating grapes without spitting out their skin,
yet without eating grapes spitting out the skin.

Learn to write

1. Structure of Chinese characters

身	舒	检	体	休
腿	查	息	药	疼
题				

2. Examples of components

部件 bù jiàn	甲骨文 jiǎ gǔ wén	金文 jīn wén	小篆 xiǎo zhuàn	楷书 kǎi shū	组字 zǔ zì
疒				疒	疼
佥				佥（僉）	检
本				本	体
是				是	题

32 医生，我牙疼
yī shēng wǒ yá téng

Look and Say

New words

1. 牙	yá	(n.)	tooth
2. 颗	kē	(m.)	measure word ①
3. 上面	shàngmian	(n.)	upper part
4. 下面	xiàmian	(n.)	lower part
5. 右边	yòubian	(n.)	right
6. 第	dì	(af.)	prefix ②
7. 糟糕	zāogāo	(adj.)	terrible; too bad
8. 糖	táng	(n.)	candy
9. 特别	tèbié	(adv.)	specially
10. 巧克力	qiǎokèlì	(n.)	chocolate
11. 以后	yǐhòu	(n.)	afterwards; after; later
12. 应该	yīnggāi	(v.; aux.)	should
13. 少	shǎo	(adj.)	few; little

① Used of grains and grain-like things.

② Indicating ordinal numbers.

Jack is talking with his dentist.

杰 克：医 生，我 牙 疼！
jié kè yī shēng wǒ yá téng

医 生：哪 一 颗 牙，上 面 的 还 是 下 面 的？
yī shēng nǎ yì kē yá shàng mian de hái shi xià mian de

杰 克：下 面 的。
jié kè xià mian de

医 生：左 边 还 是 右 边？
yī shēng zuǒ bian hái shi yòu bian

杰 克：右 边 第 三 颗。
jié kè yòu bian dì sān kē

医 生：你 的 牙 很 糟 糕。你 是 不 是 喜 欢 吃 糖？
yī shēng nǐ de yá hěn zāo gāo nǐ shì bu shì xǐ huan chī táng

杰 克：对，我 特 别 喜 欢 吃 巧 克 力。
jié kè duì wǒ tè bié xǐ huan chī qiǎo kè lì

医 生：以 后 应 该 少 吃。
yī shēng yǐ hòu yīng gāi shǎo chī

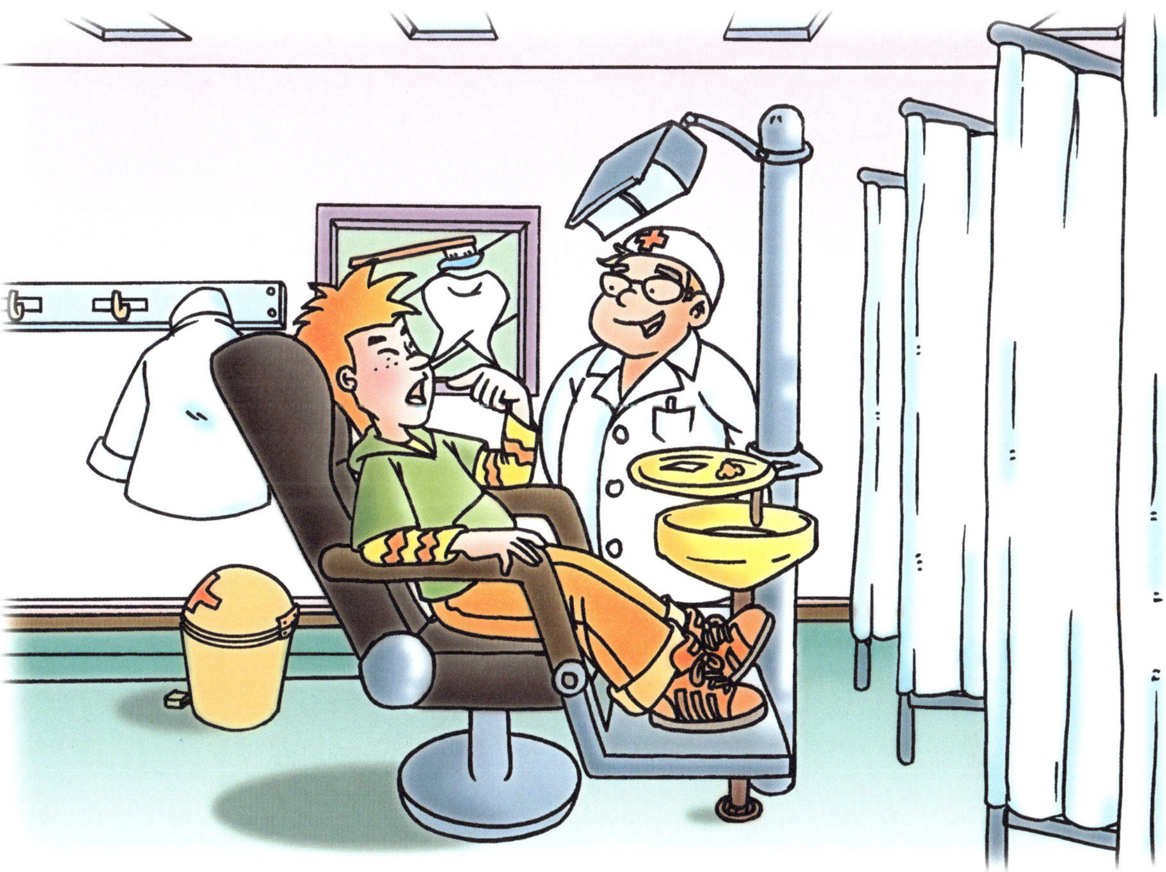

Act it out

上——上，下——下，
shàng shàng xià xià

左——左，右——右，
zuǒ zuǒ yòu yòu

前——前，后——后，
qián qián hòu hòu

我们都是好朋友。
wǒ men dōu shì hǎo péngyou

Read and match

第二个 dì èr ge	第五个 dì wǔ ge	第一个 dì yī ge	第四个 dì sì ge	第七个 dì qī ge	第三个 dì sān ge	第六个 dì liù ge

On your own: What do they like to do?

Tāmen xǐhuan gàn shénme?

他喜欢吃巧克力。
tā xǐhuan chī qiǎokèlì

打篮球
dǎ lánqiú

开车
kāi chē

看电影
kàn diànyǐng

Interview your partners

1. 你 喜 欢 干 什 么?
   nǐ xǐ huan gàn shén me
2. 你 的 朋 友 们 喜 欢 干 什 么?
   nǐ de péng you men xǐ huan gàn shén me

Class activity

Find out how many of your classmates have had a toothache. Discuss why they might have gotten a toothache and come up with suggestions on how they might avoid them in the future.

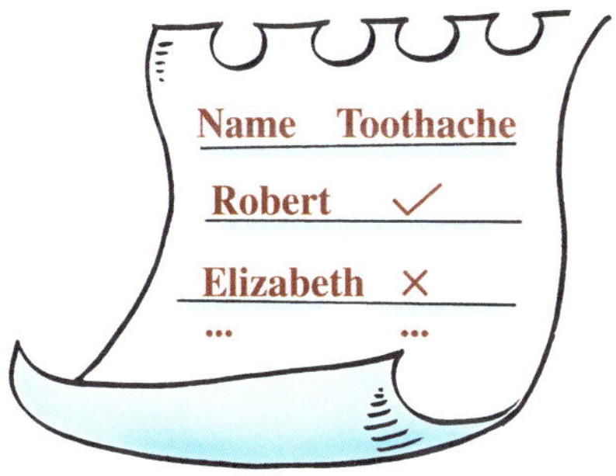

Phonetics

1. Listen to the tape, and then answer the following questions.

(1) What's wrong with the girl?

(2) Which of her teeth is aching?

(3) Does she have any other problems?

2. Read aloud the following riddle and make a guess.

远 看 山 有 色,
yuǎn kàn shān yǒu sè

近 听 水 无 声。
jìn tīng shuǐ wú shēng

春 去 花 还 在,
chūn qù huā hái zài

人 来 鸟 不 惊。
rén lái niǎo bù jīng

Being looked at from the distance the mountain is colored; the water runs in silence however close you're to it for a listening. The flowers are still in blossoms even when spring has gone; the birds won't flow away when you're coming.

Learn to write

1. Structure of Chinese characters

牙	力	颗	糟	特
巧	该	第	应	边

2. Examples of components

部件 bù jiàn	甲骨文 jiǎ gǔ wén	金文 jīn wén	小篆 xiǎo zhuàn	楷书 kǎi shū	组字 zǔ zì
果				果	颗
寺				寺	特
弟				弟	第
曹				曹	糟

33 你会游泳吗
nǐ huì yóu yǒng ma

Look and Say

New words

1. 经常	jīngcháng	(adv.)	often
2. 锻炼	duànliàn	(v.)	do exercises
3. 运动	yùndòng	(n.)	sports
4. 跑步	pǎobù	(v.)	jogging
5. 游泳	yóuyǒng	(v.)	swim
6. 会	huì	(v.; aux.)	can
7. 要是	yàoshi	(conj.)	if
8. 时间	shíjiān	(n.)	time
9. 教	jiāo	(v.)	teach

Mary and Wang Jiaming are talking about exercising.

玛 丽：家 明，你 经 常 锻 炼 身 体 吗？
mǎ lì jiā míng nǐ jīng cháng duàn liàn shēn tǐ ma

家 明：不 经 常 锻 炼。
jiā míng bù jīng cháng duàn liàn

玛 丽：你 喜 欢 什 么 运 动？
mǎ lì nǐ xǐ huan shén me yùn dòng

家 明：我 喜 欢 跑 步。你 呢？
jiā míng wǒ xǐ huan pǎo bù nǐ ne

玛 丽：我 喜 欢 游 泳。你 会 游 泳 吗？
mǎ lì wǒ xǐ huan yóu yǒng nǐ huì yóu yǒng ma

家 明：我 不 会。要 是 有 时 间，你 教 我 吧！
jiā míng wǒ bú huì yào shi yǒu shí jiān nǐ jiāo wǒ ba

Answer the following questions according to the text.

1. 王家明经常锻炼身体吗?
   wáng jiā míng jīng cháng duàn liàn shēn tǐ ma
2. 玛丽喜欢什么运动?
   mǎ lì xǐ huan shén me yùn dòng
3. 王家明喜欢什么运动?
   wáng jiā míng xǐ huan shén me yùn dòng
4. 谁会游泳?
   shuí huì yóu yǒng

On your own: Make sentences according to the given words and pictures.

1. What do they usually do?

他经常锻炼身体。
tā jīng cháng duàn liàn shēn tǐ

看电影
kàn diànyǐng

买东西
mǎi dōng xi

吃比萨饼
chī bǐ sà bǐng

2. What can they do?

他会打乒乓球。
tā huì dǎ pīng pāng qiú

游泳
yóu yǒng

打网球
dǎ wǎng qiú

开车
kāi chē

Conversation practice: Substitute the alternate words to make a new dialogue.

A: 你 会 游 泳 吗?
nǐ huì yóuyǒng ma

B: 会 啊, 我 很 喜 欢 游 泳。
huì a wǒ hěn xǐ huan yóuyǒng

A: 要 是 有 时 间, 你 教 我 游 泳 吧!
yào shi yǒu shí jiān nǐ jiāo wǒ yóuyǒng ba

B: 好, 没 问 题!
hǎo méi wèn tí

1. 开 车
kāi chē

2. 打 网 球
dǎ wǎng qiú

3. 滑 雪
huá xuě

4. 弹 吉 他
tán jí tā

Class activity

Interview your classmates and find out what their favorite sports are and how often they play them. Vote for the most popular sports and the sports star in your class.

Name	Favorite sports	Frequency
Diane	游泳	一周两次
Peter	滑板	一天一次
...	...	...

Phonetics

1. Listen to the tape, and then answer the following questions.

(1) Does the girl often do exercises?

(2) What is the girl's favorite sport?

(3) Can she play basketball?

2. Read aloud the following Chinese ancient poem.

清 明 时 节 雨 纷 纷,
qīng míng shí jié yǔ fēn fēn

路 上 行 人 欲 断 魂。
lù shang xíng rén yù duàn hún

借 问 酒 家 何 处 有,
jiè wèn jiǔ jiā hé chù yǒu

牧 童 遥 指 杏 花 村。
mù tóng yáo zhǐ xìng huā cūn

The day of mourning for the dead it's raining hard. My heart is broken on my way to the graveyard. Where can I find a wineshop to drown my sad hours? A herdboy points to a cot amid apricot flowers.

Learn to write

1. Structure of Chinese characters

经	炼	动	跑	教
泳	锻	游	步	会

2. Examples of components

部件 bù jiàn	甲骨文 jiǎ gǔ wén	金文 jīn wén	小篆 xiǎo zhuàn	楷书 kǎi shū	组字 zǔ zì
𢀖				𢀖(巠)	经
云				云	运 动
止				止	步
孝				孝	教

34 去游泳池怎么走

qù yóu yǒng chí zěn me zǒu

Look and Say

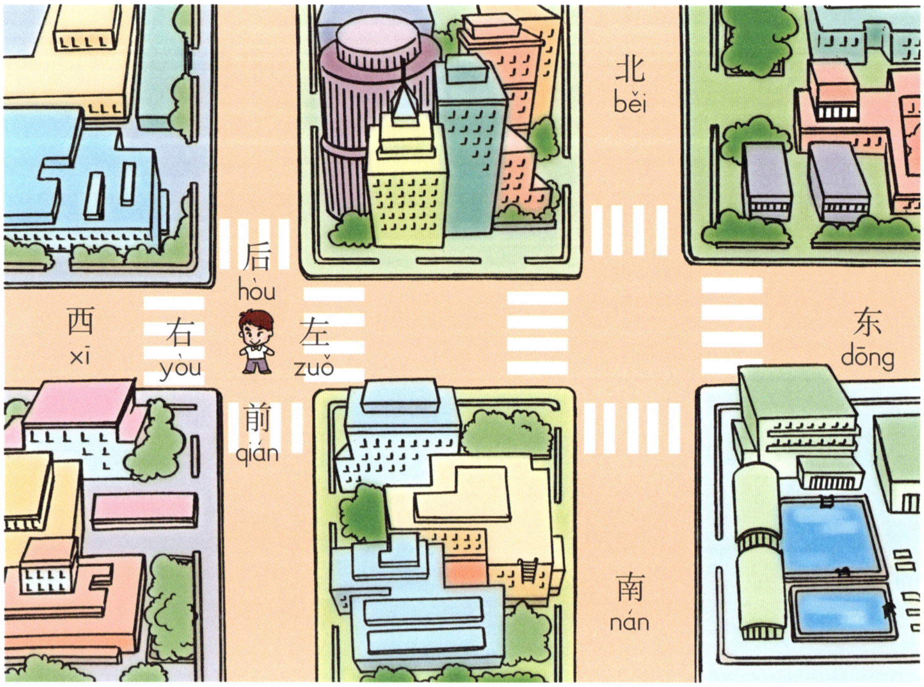

New words

1. 别	bié	(adv.)	don’t
2. 担心	dānxīn	(v.)	worry
3. 游泳池	yóuyǒngchí	(n.)	swimming pool
4. 怎么	zěnme	(pron.)	how
5. 走	zǒu	(v.)	walk; get (to)
6. 向	xiàng	(prep.)	to; towards
7. 东	dōng	(n.)	east
8. 路口	lùkǒu	(n.)	crossing; junction; intersection
9. 右	yòu	(n.)	right
10. 拐	guǎi	(v.)	turn; change direction
11. 等	děng	(v.)	wait (for)

David is calling Wang Jiaming. They are going to swim.

大 卫：喂，我 是 大 卫。我 找 王 家 明。
dà wèi wèi wǒ shì dà wèi wǒ zhǎo wáng jiā míng

家 明：我 是 王 家 明。大 卫，你 好，什 么 事？
jiā míng wǒ shì wáng jiā míng dà wèi nǐ hǎo shén me shì

大 卫：你 去 不 去 游 泳？
dà wèi nǐ qù bu qù yóu yǒng

家 明：我 不 会 游 泳。
jiā míng wǒ bú huì yóu yǒng

大 卫：别 担 心，那 里 有 教 练。
dà wèi bié dān xīn nà li yǒu jiào liàn

家 明：好，我 去。去 游 泳 池 怎 么 走？
jiā míng hǎo wǒ qù qù yóu yǒng chí zěn me zǒu

大 卫：从 你 家 向 东 走，到 第 二 个 路 口 向 右 拐。
dà wèi cóng nǐ jiā xiàng dōng zǒu dào dì èr ge lù kǒu xiàng yòu guǎi

我 在 那 儿 等 你。
wǒ zài nàr děng nǐ

On your own

1. What are they doing?

他们在干什么?
tā men zài gàn shén me

他们在游泳池游泳。
tā men zài yóu yǒng chí yóu yǒng

她们 饭馆
tā men fàn guǎn

吃比萨饼
chī bǐ sà bǐng

他们 电影院
tā men diàn yǐng yuàn

看电影
kàn diàn yǐng

2. Make conversations according to the given words.

A: 今天有雨。
jīn tiān yǒu yǔ

B: 别担心!
bié dān xīn

我有雨伞。
wǒ yǒu yǔ sǎn

1. 不会游泳
bú huì yóu yǒng

我可以教你
wǒ kě yǐ jiāo nǐ

2. 我不喜欢吃比萨饼
wǒ bù xǐ huan chī bǐ sà bǐng

那儿还有饺子
nàr hái yǒu jiǎo zi

Conversation practice

Now suppose you are on the eastside of Cypress Street and someone wants to go to the following places. Please tell him/her how to get there.

1. 比萨饼店
bǐ sà bǐng diàn

2. 医院
yī yuàn

3. 电影院
diàn yǐng yuàn

Example

A: 请问,去游泳池怎么走?
qǐng wèn qù yóu yǒng chí zěn me zǒu

B: 向东走,到第二个路口向右拐。
xiàng dōng zǒu dào dì èr ge lù kǒu xiàng yòu guǎi

A: 谢谢您!
xiè xie nín

B: 别客气!
bié kè qi

Class activity: Crazy sentences.

Every student makes up three different cards. The first will contain their names, the second will contain the name of a place and the third will contain the things they are going to do. The teacher will keep these cards in three separate piles and ask each student to come and randomly choose one card from each pile and make a sentence.

王家明

在游泳池里

吃比萨饼

Phonetics

1. Listen to the tape, and then answer the following questions.

(1) Can the girl swim?
(2) Is the girl afraid of swimming?
(3) Is the swimming pool to the south or the north of the school?
(4) How to get to the swimming pool from the school?
(5) Will Tom go swimming?

2. Read aloud the following riddle and make a guess.

一	只	蝴	蝶	轻	轻	飘，
yì	zhī	hú	dié	qīng	qīng	piāo
顺	风	直	上	九	重	霄。
shùn	fēng	zhí	shàng	jiǔ	chóng	xiāo
要	知	蝴	蝶	从	哪	来，
yào	zhī	hú	dié	cóng	nǎ	lái
顺	着	线	儿	往	下	找。
shùn	zhe	xiàn	er	wǎng	xià	zhǎo

A butterfly is fluttering briskly. High beyond the highest sky. If you want to know where it's from, you can get the answer along the thread to which it's tied.

Learn to write

1. Structure of Chinese characters

心	担	池	练	路
拐	怎	走	等	向

2. Examples of components

部件 bù jiàn	甲骨文 jiǎ gǔ wén	金文 jīn wén	小篆 xiǎo zhuàn	楷书 kǎi shū	组字 zǔ zì
旦	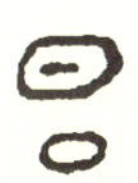			旦	担
各				各	路
东				东(東)	练

35 你去哪儿度暑假
nǐ qù nǎr dù shǔ jià

Look and Say

山 区
shān qū

爬 山
pá shān

海 边
hǎi biān

游 泳
yóu yǒng

New words

1. 度	dù	(v.)	spend (holidays)
2. 暑假	shǔjià	(n.)	summer vacation
3. 山区	shānqū	(n.)	mountainous area; mountains
4. 海边	hǎibiān	(n.)	seaside; beach
5. 爬	pá	(v.)	climb
6. 山	shān	(n.)	mountain; hill
7. 西部	xībù	(n.)	west
8. 凉快	liángkuai	(adj.)	cool

David, Wang Jiaming, Jack and Mary are talking about where to spend their summer vacation.

大卫：家明，你去哪儿度暑假？
dà wèi jiā míng nǐ qù nǎr dù shǔ jià

家明：我去山区度暑假。你去不去？
jiā míng wǒ qù shān qū dù shǔ jià nǐ qù bu qù

大卫：我不去，我去海边游泳。
dà wèi wǒ bú qù wǒ qù hǎi biān yóu yǒng

杰克：我喜欢爬山，我和你一起去山区。玛丽，你去哪儿？
jié kè wǒ xǐ huan pá shān wǒ hé nǐ yì qǐ qù shān qū mǎ lì nǐ qù nǎr

玛丽：我去西部海边，那里很凉快，还可以游泳。
mǎ lì wǒ qù xī bù hǎi biān nà li hěn liáng kuai hái kě yǐ yóu yǒng

Answer the following questions.

1. 王 家 明 打 算 去 度 暑 假 吗？
   wáng jiā míng dǎ suàn qù dù shǔ jià ma
2. 他 打 算 去 哪 儿 度 假？
   tā dǎ suàn qù nǎr dù jià
3. 杰 克 打 算 去 哪 儿 度 暑 假？为 什 么？
   jié kè dǎ suàn qù nǎr dù shǔ jià wèi shén me
4. 玛 丽 打 算 去 哪 儿 度 暑 假？为 什 么？
   mǎ lì dǎ suàn qù nǎr dù shǔ jià wèi shén me

Match the following places with the sports.

huáxuě

山 区
shān qū

shātānpáiqiú

海 边
hǎi biān

yóuyǒng

fānbǎn

páshān

An awful summer vacation

家 明：
jiā míng

你 好！
nǐ hǎo

你 在 山 区 度 暑 假 吗？我 和 大 卫 在 西 部 海 边 度 暑 假。海 边 很 漂 亮，可 是 我 很 不 高 兴，因 为 最 近 经 常 下 雨。山 区 怎 么 样？凉 快 吗？
nǐ zài shān qū dù shǔ jià ma wǒ hé dà wèi zài xī bù hǎi biān dù shǔ jià hǎi biān hěn piào liang kě shì wǒ hěn bù gāo xìng yīn wèi zuì jìn jīng cháng xià yǔ shān qū zěn me yàng liáng kuai ma

祝 你 暑 假 快 乐！
zhù nǐ shǔ jià kuài lè

你 的 好 朋 友：玛 丽
nǐ de hǎo péng you mǎ lì

Class activity

Find out how your classmates usually spend their holidays and work out a plan of how you are going to spend your summer vacation.

Phonetics

1. Listen to the tape, and then answer the following questions.

(1) Where is Mary going to spend her summer vacation? Why?

(2) Where is Mrs. Lin going to spend her vacation? Why?

(3) Where is David going to spend his vacation? Why?

2. Read aloud the following limerick.

柜 里 有 个 盘 儿，
guì lì yǒu ge pánr

盘 儿 里 有 个 碗 儿，
pánr lì yǒu ge wǎnr

碗 儿 里 有 个 勺 儿，
wǎnr lì yǒu ge sháor

勺 儿 里 有 个 豆 儿，
sháor lì yǒu ge dòur

小 孩 儿 爱 吃 豆 儿。
xiǎo háir ài chī dòur

There's a plate in the cabinet,
a bowl in the plate,
a spoon in the bowl,
a bean in the spoon.
Kids like beans.

Learn to write

1. Structure of Chinese characters

山	部	凉	假
暑	爬	区	度

2. Examples of components

部件 bù jiàn	甲骨文 jiǎ gǔ wén	金文 jīn wén	小篆 xiǎo zhuàn	楷书 kǎi shū	组字 zǔ zì
者				者	暑
爪				爪	爬
京				京	凉

36 运动场上有很多人
yùn dòng chǎng shang yǒu hěn duō rén

Review

Look and Say

New words

1. 学校	xuéxiào	(n.)	school
2. 举行	jǔxíng	(v.)	hold (a meeting, ceremony, etc.)
3. 运动会	yùndònghuì	(n.)	sports meet
4. 运动场	yùndòngchǎng	(n.)	sports ground; playground
5. 有的	yǒude	(pron.)	some
6. 参加	cānjiā	(v.)	take part in; participate in
7. 棒球	bàngqiú	(n.)	baseball
8. 赛	sài	(n.)	match; contest; competition
9. 网球	wǎngqiú	(n.)	tennis
10. 运动员	yùndòngyuán	(n.)	sportsman; sportswoman; athlete; player
11. 每次	měi cì		every time
12. 比赛	bǐsài	(n.)	match; contest; competition
13. 得	dé	(v.)	get; gain; win
14. 拉拉队	lālāduì	(n.)	cheering squad
15. 送	sòng	(v.)	send; deliver

An excerpt from Wang Jiaming's diary.

Diary

今天学校举行运动会。运动场上有很多人，有的参加棒球赛，有的参加网球赛。杰克是棒球运动员，每次比赛他都参加。大卫是网球运动员，他经常得第一。玛丽参加拉拉队，我给大家送饮料。我喜欢我们学校和我的同学。

ary

Jīntiān xuéxiào jǔxíng yùndònghuì. Yùndòngchǎng shang yǒu hěn duō rén, yǒude cānjiā bàngqiú sài, yǒude cānjiā wǎngqiú sài. Jiékè shì bàngqiú yùndòngyuán, měicì bǐsài tā dōu cānjiā. Dàwèi shì wǎngqiú yùndòngyuán, tā jīngcháng dé dìyī. Mǎlì cānjiā lālāduì, wǒ gěi dàjiā sòng yǐnliào. Wǒ xǐhuan wǒmen xuéxiào hé wǒ de tóngxué.

Are there a lot of people here?

学校里有很多人
xué xiào lǐ yǒu hěn duō rén

比萨饼店
bǐ sà bǐng diàn

海边
hǎi biān

On your own: Make conversations according to the given words.

学校里有很多人，有的上课，有的参加运动会。
xué xiào lǐ yǒu hěn duō rén yǒu de shàng kè yǒu de cān jiā yùn dòng huì

1. 运动场上
yùn dòng chǎng shang
参加比赛
cān jiā bǐ sài
参加拉拉队
cān jiā lā lā duì

2. 海边
hǎi biān
游泳
yóu yǒng
休息
xiū xi

Give your own answers to the questions.

1. 你们学校经常举办体育比赛吗？
nǐ men xué xiào jīng cháng jǔ bàn tǐ yù bǐ sài ma

2. 你喜欢什么体育比赛？
nǐ xǐ huan shén me tǐ yù bǐ sài

3. 举办体育比赛的时候，你干什么？
jǔ bàn tǐ yù bǐ sài de shí hou nǐ gàn shén me

4. 你们学校有拉拉队吗？有几个？他们参加什么比赛？
nǐ men xué xiào yǒu lā lā duì ma yǒu jǐ ge tā men cān jiā shén me bǐ sài

Class activity: Chinese competition in the Forbidden City.

This will test how many Chinese characters you recognize after one year's study. See the appendix for further details on how to play this game.

Phonetics

1. Listen to the tape, and then answer the following questions.

(1) When is the school's sports meet going to be held?
(2) What match does the first boy take part in?
(3) What match does the second boy take part in?
(4) What match does Mary take part in?
(5) Does the boy, the last speaker, take part in any matches?

2. Read aloud the following children's song.

门前一棵葡萄树，
mén qián yì kē pú tao shù

嫩嫩绿绿刚发芽。
nèn nèn lǜ lǜ gāng fā yá

蜗牛背着重重的壳，
wō niú bēi zhe zhòng zhòng de ké

一步一步往上爬。
yí bù yí bù wǎng shàng pá

树上两只黄鹂鸟，
shù shàng liǎng zhī huáng lí niǎo

嘻嘻哈哈在笑它，
xī xī hā hā zài xiào tā

葡萄成熟还早得很，
pú tao chéng shú hái zǎo de hěn

现在上来干什么？
xiàn zài shàng lái gàn shén me

黄鹂黄鹂不要笑，
huáng lí huáng lí bù yào xiào

等我爬上它就成熟了。
děng wǒ pá shàng tā jiù chéng shú le

There is grape trellis in the yard. Sprouts have just come out, so green and tender. A snail is climbing up the trellis with her heavy shell in a great labor. Two orioles in the tree are laughing at her, "The grapes are far from being ripe. What're you climbing up for?" "Don't mock at me. They'll be ripe when I get there."

Can you sing it?

蜗 牛 与 黄 鹂 鸟

wō niú yǔ huáng lí niǎo

陈弘文 词
林建昌 曲

Learn to write

1. Structure of Chinese characters

场	棒	次	加	得
队	拉	员	举	参
赛	网	送		

2. Examples of components

部件 bù jiàn	甲骨文 jiǎ gǔ wén	金文 jīn wén	小篆 xiǎo zhuàn	楷书 kǎi shū	组字 zǔ zì
贝				贝(貝)	赛
奉				奉	棒

UNIT SUMMARY

FUNCTIONAL USAGE

1. Inquiring one's physical conditions

你 哪 儿 疼？
nǐ nǎr téng

我 左 腿 疼。
wǒ zuǒ tuǐ téng

2. Inquring about the exact location

上 面 还 是 下 面？
shàng mian hái shi xià mian

左 边 还 是 右 边？
zuǒ bian hái shi yòu bian

3. How to say ordinal number

右 边 第 三 颗。
yòu bian dì sān kē

4. Inquring about and offering one's favorite sports

你 喜 欢 什 么 运 动？
nǐ xǐ huan shén me yùn dòng

我 喜 欢 跑 步。
wǒ xǐ huan pǎo bù

5. Asking for directions

去 游 泳 池 怎 么 走？
qù yóu yǒng chí zěn me zǒu

6. Inquiring about and explaining one' holiday plan

你 去 哪 儿 度 暑 假？
nǐ qù nǎr dù shǔ jià

我 去 山 区 度 暑 假。
wǒ qù shān qū dù shǔ jià

7. Describing the process and scene of an activity

运 动 场 上 有 很 多 人，有 的 参 加 棒 球 赛，
yùn dòng chǎng shang yǒu hěn duō rén yǒu de cān jiā bàng qiú sài

有 的 参 加 网 球 赛。
yǒu de cān jiā wǎng qiú sài

GRAMMAR FOCUS

Sentence pattern	Example
1. 我 左 腿 疼。 wǒ zuǒ tuǐ téng	
2. 有 点 儿…… yǒu diǎnr	我 的 头 有 点 儿 疼。 wǒ de tóu yǒu diǎnr téng
3. 会…… huì	你 会 游 泳 吗？ nǐ huì yóu yǒng ma
4. 要 是…… yào shi	要 是 有 时 间，你 教 我 好 吗？ yào shi yǒu shí jiān nǐ jiāo wǒ hǎo ma
5. 在…… zài	我 在 那 儿 等 你。 wǒ zài nàr děng nǐ
6. 去…… (v.) qù	我 去 海 边 游 泳。 wǒ qù hǎi biān yóu yǒng
7. ……有…… yǒu	操 场 上 有 很 多 人。 cāo chǎng shang yǒu hěn duō rén

Appendix

I Class Activity

1. Flying Chess of Chinese

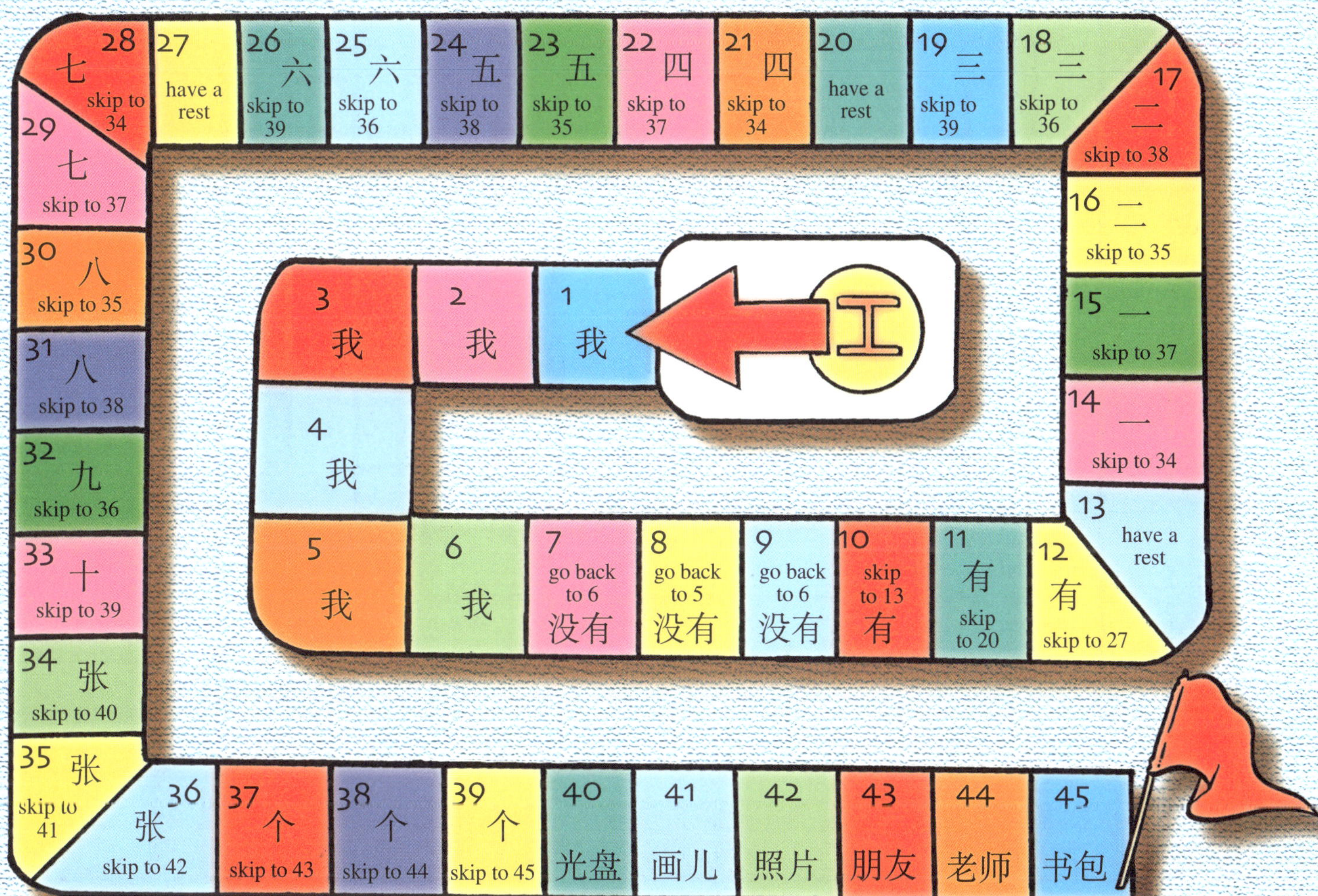

Divide the students into several groups, each of which contains 2-3 people. The students in the group will take turns to cast the dice, and then write down the sentence when they get a complete one. For example, "wǒ yǒu ________." The one who first "has" something and who "has" the most wins.

2. A Maze of Color

Please try this maze of color. ①Write down the Chinese name for each color and read it out after you have gone through the maze for the first time. ②Have a few more trials to see how many routes you can find.

3. Chinese Competition in the Forbidden City

Introductions

Now that over 300 Chinese words have been introduced after one year's study, we selected some of them and put them into the houses of the Forbidden City to see if you can recognize them and figure out their meanings.

The Forbidden City is located in the center of Beijing, and composed of 3 front halls, 3 back halls and an imperial garden. There are more than 9,000 houses in the City, which means an adult would turn out to be an old person after he/she stayed in each of these houses for only one night.

For the convenience of designing this game, we just drew an approximate layout of the 3 front halls of the City instead of the exact design of the whole. However, if you are interested in the Forbidden City, you may further read related materials or you may even pay a visit to Beijing to see it with your own eyes.

Instructions

First two people will cast dice. The one who has bigger number starts the game. The two people will enter the City from the two small gates respectively. During the whole game they will take turns to cast dice and find the corresponding house. The one who works out the pronunciation and meaning of the word in the house successfully will cast dice again; otherwise he / she will have to remain in the previous house and wait till the next turn. They will check each other's answers. The one who first reaches Hall I wins the game.

49
热 闹

50
吃蛋糕

	Gate A	Gate B
1	同学	你们
2	老师	我们
3	再见	朋友
4	谢谢	中学生
5	名字	刮风
6	校长	中文
7	他们	担心
8	打篮球	学校
9	汉语	没有
10	光盘	这里
11	钱包	那里
12	音乐	春天
13	睡觉	秋天
14	开车	参加
15	什么	高兴
16	请问	当然
17	医生	漂亮
18	邻居	欢迎
19	凉快	钱包
20	夏天	爸爸
21	妹妹	妈妈
22	爷爷	起床
23	奶奶	晚上
24	哥哥	时候
25	姐姐	明年
26	小猫	春节
27	弟弟	星期六
28	冬天	打算
29	现在	电影
30	每天	雨伞
31	早上	最近
32	今天	常常
33	中国	饺子
34	可以	黄油
35	口香糖	饮料
36	大海	因为
37	草地	礼物
38	裙子	颜色
39	墨镜	红色
40	暑假	衣服
41	运动员	头发
42	检查	身体
43	应该	喜欢
44	以后	左边
45	巧克力	经常
46	糟糕	运动
47	锻炼	跑步
48	游泳	山区

Gate A

Gate B

The Keys to A's Questions

1.tóngxué	classmate	26. xiǎo māo	little cat
2. lǎoshī	teacher	27. dìdi	younger brother
3. zàijiàn	good-bye	28. dōngtiān	winter
4. xièxie	thank	29. xiànzài	now
5. míngzi	name	30. měi tiān	every day
6. xiàozhǎng	principal	31. zǎoshang	morning
7. tāmen	they, them	32. jīntiān	today
8. dǎ lánqiú	play basketball	33. Zhōngguó	China
9. Hànyǔ	Chinese	34. kěyǐ	may
10. guāngpán	disks	35. kǒuxiāngtáng	chewing gum
11. qiánbāo	wallet	36. dàhǎi	sea
12. yīnyuè	music	37. cǎodì	grassland
13. shuì jiào	sleep	38. qúnzi	dress
14. kāi chē	drive	39. mòjìng	sunglasses
15. shénme	what	40. shǔjià	summer vacation
16. qǐng wèn	May I ask?	41. yùndòngyuán	athlete
17. yīshēng	doctor	42. jiǎnchá	check
18. línjū	neighbor	43. yīnggāi	should
19. liángkuai	cool	44. yǐhòu	after
20. xiàtiān	summer	45. qiǎokèlì	chocolate
21. mèimei	younger sister	46. zāogāo	too bad
22. yéye	grandfather	47. duànliàn	do exercises
23. nǎinai	grandmother	48. yóuyǒng	swim
24. gēge	elder brother	49. rènao	bustling
25. jiějie	elder sister	50. chī dàngāo	eat cake

The Keys to B's Questions

1. nǐmen — you
2. wǒmen — we, us
3. péngyou — friend
4. zhōngxuéshēng — high school student
5. guā fēng — (of wind) blow
6. Zhōngwén — Chinese
7. dānxīn — worry
8. xuéxiào — school
9. méiyǒu — not to have
10. zhèlǐ — here
11. nàli — there
12. chūntiān — spring
13. qiūtiān — autumn
14. cānjiā — take part in
15. gāoxìng — happy
16. dāngrán — of course
17. piàoliang — beautiful
18. huānyíng — welcome
19. qiánbāo — wallet
20. bàba — father
21. māma — mother
22. qǐchuáng — get up
23. wǎnshang — night
24. shíhou — time
25. míngnián — next year
26. Chūn Jié — the Spring Festival
27. xīngqīliù — saturday
28. dǎsuàn — plan
29. diànyǐng — film
30. yǔsǎn — umbrella
31. zuìjìn — recently
32. chángcháng — often
33. jiǎozi — dumpling
33. huángyóu — butter
35. yǐnliào — drinks
36. yīnwèi — because
37. lǐwù — gift
38. yánsè — color
39. hóngsè — red
40. yīfu — clothes
41. tóufa — hair
42. shēntǐ — body
43. xǐhuan — like
44. zuǒbian — left
45. jīngcháng — often
46. yùndòng — sports
47. pǎobù — jogging
48. shānqū — mountains
49. rènao — bustling
50. chī dàngāo — eat cake

II Vocabulary

Word	*Pinyin*	Part of Speech	Translation	Lesson
啊	a	pt.	particle word	8
艾米丽	Àimǐlì	n.	Emily	8
吧	ba	pt.	particle word	19
爸爸	bàba	n.	dad;father	17
白色	báisè	n.	white	30
柏树街	Bǎishù jiē	n.	Cypress Street	16
半	bàn	num.	half	19
棒球	bàngqiú	n.	baseball	36
包	bāo	m.	measure word	27
北京	Běijīng	n.	Beijing	24
比萨饼	bǐsàbǐng	n.	pizza	16
比赛	bǐsài	n.	match; contest; competition	36
别	bié	adv.	don't	34
别的	biéde	pron.	else; other; another	27
不错	búcuò	adj.	not bad	29
不客气	bú kèqi		You're welcome.	4
参加	cānjiā	v.	take part in; participate in	36
草地	cǎodì	n.	grassland	28
长	cháng	adj.	long	30
常常	chángcháng	adv.	often	24
车牌	chēpái	n.	licence plate	30
橙色	chéngsè	n.	orange	28
吃	chī	v.	eat; have	12
穿	chuān	v.	wear	29
春节	Chūn Jié	n.	The Spring Festival (Chinese Lunar New Year)	21
春天	chūntiān	n.	spring	24
从	cóng	prep.	from	15

打	dǎ	v.	play	7
打算	dǎsuàn	n.;v.	plan (to); be going to	22
大	dà	adj.	big	17
大海	dàhǎi	n.	sea; ocean	28
大黄	Dàhuáng	n.	Big Yellow (usually a name for a dog or a cat)	14
大家	dàjiā	pron.	all, everybody	12
大卫	Dàwèi	n.	David	1
带	dài	v.	take/bring/carry...with sb.	23
戴	dài	v.	(of glasses, hats) wear	30
担心	dānxīn	v.	worry	34
蛋糕	dàngāo	n.	cake	12
当然	dāngrán	adv.	certainly; of course	13
到	dào	v.	arrive	16
得	dé	v.	get; gain; win	36
的	de	pt.	particle word	6
等	děng	v.	wait (for)	34
弟弟	dìdi	n.	younger brother	18
第	dì	af.	prefix	32
(一)点(儿)	(yì) diǎn(r)	m.	a little; a bit; some (here something)	25
点（钟)	diǎn (zhōng)	n.	o'clock	19
(商)店	(shāng) diàn	n.	(business)store; shop	16
电影	diànyǐng	n.	movie	22
东	dōng	n.	east	34
东西	dōngxi	n.	thing; stuff	26
冬天	dōngtiān	n.	winter	24
都	dōu	adv.	both; all	8
度	dù	v.	spend (holidays)	35

锻炼	duànliàn	v.	do exercises	33
对	duì	adj.	yes; that's right	10
多	duō	adj.	many; much	26
多大	duō dà		how old	13
多少	duōshao	pron.	how much; how many	10
法语	Fǎyǔ	n.	the French language	8
非常	fēicháng	adv.	very	24
份	fèn	m.	a set of	16
风	fēng	n.	wind	23
副	fù	m.	pair; set	30
感恩节	Gǎn'ēn Jié	n.	Thanksgiving Day	21
橄榄球	gǎnlǎnqiú	n.	American football	7
干	gàn	v.	do	22
高兴	gāoxìng	adj.	happy; glad; cheerful	12
哥哥	gēge	n.	elder brother	17
个	gè	m.	measure word	25
给	gěi	v.	give	10
跟	gēn	prep.	with	12
狗	gǒu	n.	dog	14
刮(风)	guā (fēng)	v.	(of wind)blow	23
拐	guǎi	v.	turn; change direction	34
光盘	guāngpán	n.	disks; CDs	9
果酱	guǒjiàng	n.	jam	27
过年	guònián	v.	celebrate the New Year or the Spring Festival	26
还	hái	adv.	and; as well; also; too	17
还是	háishi	conj.	or	29
海边	hǎibiān	n.	seaside; beach	35
汉语	Hànyǔ	n.	the Chinese language	8

好	hǎo	adj.	good	1
好	hǎo	adj.	ok; all right	16
号	hào	n.	number in a series	16
号	hào	n.	date	21
号码	hàomǎ	n.	number	30
喝	hē	v.	drink	25
和	hé	conj.	and	11
盒	hé	m.	box	27
黑色	hēisè	n.	black	29
很	hěn	adv.	very	12
红色	hóngsè	n.	red	28
后天	hòutiān	n.	the day after tomorrow	26
欢迎	huānyíng	v.	welcome	15
黄色	huángsè	n.	yellow	30
黄油	huángyóu	n.	butter	27
会	huì	v.;aux.	can	33
鸡蛋	jīdàn	n.	egg	25
几	jǐ	pron.	how many	9
家	jiā	n.	home	15
检查	jiǎnchá	v.	examine; check	31
件	jiàn	m.	piece	29
教	jiāo	v.	teach	33
饺子	jiǎozi	n.	dumpling	25
叫	jiào	v.	call; name	1
教练	jiàoliàn	n.	coach; instructor	7
节	jié	n.	holiday; festival	21
节日	jiérì	n.	holiday; red-letter day	24
杰克	Jiékè	n.	Jack	3
姐姐	jiějie	n.	elder sister	17

今天	jīntiān	n.	today	12
经常	jīngcháng	adv.	often	33
举行	jǔxíng	v.	hold (a meeting, ceremony, etc.)	36
觉得	juéde	v.	think; feel	24
开车	kāichē	v.	drive	13
看	kàn	v.	see; look at; watch	22
颗	kē	m.	measure word	32
可能	kěnéng	aux.	maybe; perhaps	23
可是	kěshì	conj.	but; however	18
可以	kěyǐ	aux.	can; may	22
刻(钟)	kè (zhōng)	n.	a quarter of an hour	20
口	kǒu	m.	measure word	17
口香糖	kǒuxiāngtáng	n.	chewing gum	27
块	kuài	m.	lump; piece	27
快乐	kuàilè	adj.	happy; joyous	11
拉拉队	lālāduì	n.	cheering squad	36
来	lái	v.	come	15
蓝色	lánsè	n.	blue	28
篮球	lánqiú	n.	basketball	7
老师	lǎoshī	n.	teacher	2
冷	lěng	adj.	cold	24
礼物	lǐwù	n.	present; gift	26
里	lǐ	n.	in; inside	10
凉快	liángkuai	adj.	cool	35
两	liǎng	num.	two	14
辆	liàng	m.	measure word	30
邻居	línjū	n.	neighbor	18
林(老师)	Lín (lǎoshī)	n.	a surname	2
路口	lùkǒu	n.	crossing; junction; intersection	34

绿色	lǜsè	n.	green	28
妈妈	māma	n.	mom; mother	17
马上	mǎshàng	adv.	right away	16
玛丽	Mǎlì	n.	Mary	3
吗	ma	pt.	particle word	5
买	mǎi	v.	buy	26
忙	máng	adj.	busy	24
猫	māo	n.	cat	17
没有	méiyǒu	v.	not to have; don't have	9
每次	měi cì		every time	36
每天	měi tiān		every day	20
妹妹	mèimei	n.	younger sister	18
们	men	suf.	suffix	2
面包	miànbāo	n.	bread	27
名字	míngzi	n.	name	4
明亮	míngliàng	adj.	bright	28
明年	míngnián	n.	next year	21
明天	míngtiān	n.	tomorrow	21
墨镜	mòjìng	n.	dark glasses; sunglasses	30
哪	nǎ	pron.	which	21
哪儿	nǎr	pron.	where	23
哪里	nǎli	pron.	where	11
那	nà	pron.	that	10
奶奶	nǎinai	n.	(paternal)grandmother	18
男	nán	adj.	man	30
呢	ne	pt.	particle word	15
你	nǐ	pron.	you	1
你们	nǐmen	pron.	you (plural)	3
年货	niánhuò	n.	special purchases for the	

			Spring Festival	26
您	nín	pron.	polite form of "you" (singular)	11
牛奶	niúnǎi	n.	milk	27
爬	pá	v.	climb	35
跑步	pǎobù	v.	jogging	33
配	pèi	v.	match; go well with	29
朋友	péngyou	n.	friend	6
漂亮	piàoliang	adj.	pretty	14
瓶	píng	m.	bottle	27
起床	qǐchuáng	v.	get up	19
钱	qián	n.	money	10
钱包	qiánbāo	n.	wallet; purse	10
巧克力	qiǎokèlì	n.	chocolate	32
请问	qǐngwèn	v.	May I ask?	16
秋天	qiūtiān	n.	fall	24
去	qù	v.	go	19
去年	qùnián	n.	last year	26
裙子	qúnzi	n.	dress	29
热	rè	adj.	hot	24
热闹	rènao	adj.	busy; bustling	26
人	rén	n.	person; people	17
日本	Rìběn	n.	Japan	15
如果	rúguǒ	conj.	if	29
赛	sài	n.	match; contest; competition	36
山	shān	n.	mountain; hill	35
山区	shānqū	n.	mountainous area; mountains	35
上面	shàngmian	n.	upper part	32
少	shǎo	adv.	few; little	32
身体	shēntǐ	n.	health;body	31

生日	shēngri	n.	birthday	11
什么	shénme	pron.	what	4
时候	shíhou	n.	time; moment	20
时间	shíjiān	n.	time	33
事	shì	n.	matter; affair; thing; business	19
是	shì	v.	be (is /am/ are)	3
收到	shōu dào		receive; get	26
舒服	shūfu	adj.	be well; comfortable	31
暑假	shǔjià	n.	summer vacation	35
树木	shùmù	n.	tree	28
谁	shuí	pron.	who	7
睡觉	shuìjiào	v.	go to bed; sleep	20
送	sòng	v.	send; deliver	36
岁	suì	m.	year (of age)	13
他	tā	pron.	he	3
它	tā	pron.	it	14
她	tā	pron.	she	3
他们	tāmen	pron.	they; them (male)	6
她们	tāmen	pron.	they; them (female)	5
汤	tāng	n.	soup	25
糖	táng	n.	candy	32
特别	tèbié	adv.	specially	32
疼	téng	v.	ache; hurt	31
天	tiān	n.	day	21
天气	tiānqì	n.	weather	23
听	tīng	v.	listen (to)	12
同学	tóngxué	n.	classmate	2
头	tóu	n.	head	31
头发	tóufa	n.	hair	30

腿	tuǐ	n.	leg	31
外面	wàimian	n.	outside	23
玩	wán	v.	play	15
晚上	wǎnshang	n.	night; evening	20
碗	wǎn	m.	bowl	25
王家明	Wáng Jiāmíng	n.	Wang Jiaming	1
网球	wǎngqiú	n.	tennis	36
为什么	wèishénme		why	26
喂	wèi	exd.	hello	16
温哥华	Wēngēhuá	n.	Vancouver	18
问题	wèntí	n.	problem	31
我	wǒ	pron.	I; me	1
我们	wǒmen	pron.	we; us	6
西部	xībù	n.	west	35
喜欢	xǐhuan	v.	like	18
下面	xiàmian	n.	lower part	32
下午	xiàwǔ	n.	afternoon	23
下雨	xià yǔ		rain	23
夏天	xiàtiān	n.	summer	24
先生	xiānsheng	n.	mister; sir; gentleman	25
现在	xiànzài	n.	now	19
向	xiàng	prep.	to; towards	34
小	xiǎo	adj.	small; little	17
小雨	Xiǎoyǔ	n.	a person's name, literally "drizzle"	24
校长	xiàozhǎng	n.	headmaster; principal; (university or college) president	5
谢谢	xièxie	v.	thank	4
新年	xīnnián	n.	New Year	24

星期	xīngqī	n.	day of the week	22
行	xíng	v.	will do; be all right	22
姓	xìng	v.	to be surnamed; surname	15
休息	xiūxi	v.	rest	31
学	xué	v.	learn; study	8
学生	xuésheng	n.	student	5
学校	xuéxiào	n.	school	36
压岁钱	yāsuìqián	n.	money given to children as a lunar New Year gift	26
牙	yá	n.	tooth	32
颜色	yánsè	n.	color	28
样子	yàngzi	n.	appearance; look	30
药	yào	n.	medicine	31
要	yào	v.	want; would like (to)	16
要是	yàoshi	conj.	if	33
爷爷	yéye	n.	(paternal) grandfather	18
也	yě	adv.	also; too	7
一共	yígòng	adv.	altogether	27
一起	yìqǐ	n.	together	12
一下儿	yíxiàr		once	31
衣服	yīfu	n.	clothes	29
医生	yīshēng	n.	doctor	18
以后	yǐhòu	n.	afterwards; after; later	32
因为	yīnwèi	conj.	because	26
音乐	yīnyuè	n.	music	12
饮料	yǐnliào	n.	beverage	25
应该	yīnggāi	v.;aux.	should	32
用	yòng	v.	use	26
游泳	yóuyǒng	v.	swim	33

游泳池	yóuyǒngchí	n.	swimming pool	34
有	yǒu	v.	have	8
有的	yǒude	pron.	some	36
有点儿	yǒudiǎnr	adv.	a bit; rather	31
右	yòu	n.	right	34
右边	yòubian	n.	right	32
雨伞	yǔsǎn	n.	umbrella	23
雨衣	yǔyī	n.	raincoat	23
元	yuán	m.	measure word	10
月	yuè	n.	month	21
运动	yùndòng	n.	sports	33
运动场	yùndòngchǎng	n.	sports ground; playground	36
运动会	yùndònghuì	n.	sports meet	36
运动员	yùndòngyuán	n.	sportsman; sportswoman; athlete; player	36
在	zài	v.	be	11
在	zài	prep.	(indicating where a person or thing is)	16
再见	zàijiàn	v.	see you; good-bye	2
糟糕	zāogāo	adj.	terrible; too bad	32
早上	zǎoshang	n.	morning	20
怎么	zěnme	pron.	how	34
怎么样	zěnmeyàng	pron.	how	23
张	zhāng	m.	measure word	9
找	zhǎo	v.	to find; to look for	11
找	zhǎo	v.	give change	27
这	zhè	pron.	this	10
这里	zhèlǐ	pron.	here	11
芝加哥	Zhījiāgē	n.	Chicago	18
中国	Zhōngguó	n.	China	21

中文	Zhōngwén	n.	Chinese	9
中学生	zhōngxuéshēng	n.	high school student	6
种	zhǒng	m.	kind; sort; type	28
住	zhù	v.	live; reside	16
祝	zhù	v.	offer good wishes; wish	11
紫色	zǐsè	n.	purple	30
走	zǒu	v.	walk; get (to)	34
最	zuì	adv.	most; least; best; to the highest or lowest degree	24
最近	zuìjìn	n.	recently; lately	24
昨天	zuótiān	n.	yesterday	21
左	zuǒ	n.	left	31

（共 320 个）

III Chinese Characters

Characters		Pinyin	Lesson	Characters		Pinyin	Lesson
啊	啊	a	8	打	打	dǎ	7
吧	吧	ba	19	大	大	dà	1
爸	爸	bà	17	带	帶	dài	23
白	白	bái	30	戴	戴	dài	30
半	半	bàn	19	担	擔	dān	34
棒	棒	bàng	36	蛋	蛋	dàn	12
包	包	bāo	10	当	當	dāng	13
边	邊	biān	32	得	得	dé	36
别	別	bié	27	等	等	děng	34
不	不	bù	4	地	地	dì	28
步	步	bù	33	弟	弟	dì	18
部	部	bù	35	第	第	dì	32
参	參	cān	36	点	點	diǎn	19
草	草	cǎo	28	电	電	diàn	22
查	查	chá	31	店	店	diàn	16
长	長	cháng	30	东	東	dōng	26
常	常	cháng	24	冬	冬	dōng	24
场	場	chǎng	36	动	動	dòng	33
车	車	chē	13	都	都	dōu	8
橙	橙	chéng	28	度	度	dù	35
吃	吃	chī	12	锻	鍛	duàn	33
池	池	chí	34	队	隊	duì	36
穿	穿	chuān	29	对	對	duì	10
床	床	chuáng	19	多	多	duō	10
春	春	chūn	21	恩	恩	ēn	21
次	次	cì	36	法	法	fǎ	8
从	從	cóng	15	发	髮	fà	30
错	錯	cuò	29	非	非	fēi	24

觉	覺	jué	24
开	開	kāi	30
看	看	kàn	22
颗	顆	kē	32
可	可	kě	18
克	剋	kè	3
客	客	kè	4
刻	刻	kè	20
口	口	kǒu	17
块	塊	kuài	27
快	快	kuài	11
拉	拉	lā	36
来	來	lái	15
蓝	藍	lán	28
篮	籃	lán	7
榄	欖	lǎn	7
老	老	lǎo	2
乐	樂	lè	11
冷	冷	lěng	24
礼	禮	lǐ	26
里	裏	lǐ	10
力	力	lì	32
丽	麗	lì	3
炼	煉	liàn	33
练	練	liàn	34
凉	涼	liáng	35
两	兩	liǎng	14
亮	亮	liàng	14
辆	輛	liàng	30
料	料	liào	25
邻	鄰	lín	18
林	林	lín	2
路	路	lù	34
绿	綠	lǜ	28
妈	媽	mā	17
玛	瑪	mǎ	3
码	碼	mǎ	30
吗	嗎	ma	5
买	買	mǎi	26
忙	忙	máng	24
猫	貓	māo	17
么	麼	me	4
没	沒	méi	9
每	每	měi	20
妹	妹	mèi	18
们	們	men	2
面	面	miàn	23
名	名	míng	4
明	明	míng	1
墨	墨	mò	30
木	木	mù	28
哪	哪	nǎ	11
那	那	nà	10
奶	奶	nǎi	18
男	男	nán	30
闹	鬧	nào	26
呢	呢	ne	15
能	能	néng	23

你	你	nǐ	1	色	色	sè	28
年	年	nián	21	山	山	shān	35
您	您	nín	11	上	上	shàng	20
牛	牛	niú	27	少	少	shǎo	10
爬	爬	pá	35	身	身	shēn	31
牌	牌	pái	30	生	生	shēng	5
盘	盤	pán	9	师	師	shī	2
跑	跑	pǎo	33	什	什	shén	4
配	配	pèi	29	时	時	shí	20
朋	朋	péng	6	事	事	shì	19
漂	漂	piào	14	是	是	shì	3
瓶	瓶	píng	27	收	收	shōu	26
期	期	qī	22	舒	舒	shū	31
起	起	qǐ	12	暑	暑	shǔ	35
气	氣	qì	4	树	樹	shù	28
钱	錢	qián	10	谁	誰	shuí	7
巧	巧	qiǎo	32	睡	睡	shuì	20
秋	秋	qiū	24	送	送	sòng	36
球	球	qiú	7	算	算	suàn	22
区	區	qū	35	岁	歲	suì	13
去	去	qù	19	他	他	tā	5
裙	裙	qún	29	她	她	tā	5
然	然	rán	13	它	它	tā	14
热	熱	rè	24	汤	湯	tāng	25
人	人	rén	17	糖	糖	táng	27
日	日	rì	12	特	特	tè	32
如	如	rú	29	疼	疼	téng	31
赛	賽	sài	36	题	題	tí	31
伞	傘	sǎn	23	体	體	tǐ	31

天	天	tiān	12	心	心	xīn	34
听	聽	tīng	12	新	新	xīn	24
同	同	tóng	2	行	行	xíng	22
头	頭	tóu	30	兴	興	xìng	12
腿	腿	tuǐ	31	姓	姓	xìng	15
外	外	wài	23	休	休	xiū	31
玩	玩	wán	15	学	學	xué	2
碗	碗	wǎn	25	牙	牙	yá	32
王	王	wáng	1	颜	顏	yán	28
网	網	wǎng	36	样	樣	yàng	23
为	為	wèi	26	药	藥	yào	31
卫	衛	wèi	1	要	要	yào	16
喂	喂	wèi	16	爷	爺	yé	18
文	文	wén	9	也	也	yě	7
我	我	wǒ	1	一	一	yī	12
午	午	wǔ	23	衣	衣	yī	29
物	物	wù	26	医	醫	yī	18
西	西	xī	26	以	以	yǐ	22
息	息	xī	31	因	因	yīn	26
喜	喜	xǐ	18	音	音	yīn	12
下	下	xià	23	饮	飲	yǐn	25
夏	夏	xià	24	应	應	yīng	32
先	先	xiān	25	迎	迎	yíng	15
现	現	xiàn	19	影	影	yǐng	22
香	香	xiāng	27	泳	泳	yǒng	33
向	向	xiàng	34	用	用	yòng	26
小	小	xiǎo	17	油	油	yóu	27
校	校	xiào	5	游	游	yóu	33
谢	謝	xiè	4	友	友	yǒu	6

有	有	yǒu	8
雨	雨	yǔ	23
语	語	yǔ	8
元	元	yuán	10
员	員	yuán	36
月	月	yuè	21
乐	樂	yuè	12
再	再	zài	2
在	在	zài	11
糟	糟	zāo	32
早	早	zǎo	20
怎	怎	zěn	34
张	張	zhāng	9
长	長	zhǎng	5
找	找	zhǎo	11
这	這	zhè	10
中	中	zhōng	6
住	住	zhù	16
祝	祝	zhù	11
子	子	zǐ	25
紫	紫	zǐ	30
字	字	zì	4
走	走	zǒu	34
最	最	zuì	24
昨	昨	zuó	21

（共 313 个）

글로벌 중국어 1

본문해석과 연습

1. 회화, 본문해석

2. 단어정리

3. 연습문제

제1과
你好 : 안녕하세요

1. 회화해석

家明 : 你好!
大卫 : 你好!
家明 : 我叫王家明。
大卫 : 我叫大卫。

A : 안녕하세요!
B : 안녕하세요!
A : 제 이름은 왕짜밍입니다.
B : 제 이름은 데이비드입니다.

2. 단어정리

你	nǐ	너, 당신
好	hǎo	좋은
我	wǒ	나, 저
叫	jiào	(이름을)~라고 부르다

3. 연습문제

1. Fill in the blanks with initials according to the cues in the box.

dà jiào wáng
jiā nǐ hǎo wǒ
dé wēng nǚ

__d__ à
______ ǎo　　______ ǐ
______ iā　　______ iào

2. Fill in the blanks with finals and tones according to the cues in the box.

dà jiào wǒ jiā
nǐ hǎo wáng
wēng nà guāng

g __uāng__　　n ______
j ______　　h ______
n ______　　d ______

3. Complete the following dialogues.

Example

Nǐ hǎo!
__Wǒ jiào__ Wáng Jiāming.

(1)

Nǐ hǎo!
______ Dàwèi.

(2)

______
Wǒ jiào Mary.

(3)

______
Wǒ jiào Jack.

제2과
再见 : 안녕히 가세요

1. 회화해석

林老师 : 同学们好!
同学们 : 老师好!
林老师 : 同学们再见!
同学们 : 林老师再见!

A : 여러분, 안녕하세요!
B : 선생님, 안녕하세요!
A : 여러분, 잘 가요!
B : 임선생님, 안녕히 가세요!

2. 단어정리

同学	tóngxué	학교친구
们	men	~들
老师	lǎoshī	선생님
再见	zàijiàn	잘가

3. 연습문제

1. Fill in the blanks with initials according to the cues in the box.

xué nǐ zài tóng
lǎo hǎo jiàn
men lín jiā

__t__ óng
______ ué　　______ ǎo
______ ì　　______ ài
______ iàn　　______ en
______ ín　　______ iā

2. Fill in the blanks with finals and tones according to the cues in the box.

xué nǐ zài tóng
shī hǎo jiàn men
lín jiā wǒ

z __ài__
l ______　　m ______
j ______　　w ______
j ______　　t ______
n ______　　h ______
x ______　　sh ______

3. Fill in the blanks with *Pinyin*.

(1)

A: Nǐ hǎo!
B: ______
A: Zàijiàn!
B: ______

(2)

A: Tóngxuémen hǎo!
B: Lǎoshī ______!
A: Tóngxuémen zàijiàn!
B: Lǎoshī ______!

4. Supply tones for the following *Pinyin* according to the text.

tongxue __tóngxué__
laoshi ______　　ni hao ______
zaijian ______　　shang ke ______
xianzai ______　　xia ke ______

제3과 我是王家明 : 저는 왕짜밍입니다

1. 회화해석

家明 : 林老师好!
我是王家明。
林老师 : 你好!
林老师 : 她是玛丽,
他是杰克。
家明 : 你们好!
玛丽, 杰克 : 你好!

A : 임선생님 안녕하세요!
저는 왕짜밍입니다.
B : 안녕!
B : 이 여학생은 메리이고,
이 남학생은 잭입니다.
A : 여러분, 안녕!
C : 안녕!

2. 단어정리

是	shì	~이다
她	tā	그녀
他	tā	그
你们	nǐmen	너희들

3. 연습문제

1. Fill in the blanks with initials according to the cues in the box.

men li tā shi
hǎo míng jié zài
xué tóng shī

m ing
____ i ____ ā
____ en ____ i
____ ǎo ____ iè
____ ài ____ ué

2. Fill in the blanks with finals and tones according to the cues in the box.

tā shī jiào lǎo
wǒ jiàn jiā nǐ
wèi míng lì mǎ

j iā
l ____ l ____
sh ____ j ____
j ____ w ____
sh ____ l ____

3. Complete the following dialogue with the words in the box.

nǐ shì tā lín zài jiàn lǎoshī

Mary: Lín lǎoshī hǎo, wǒ ____ Mary.
Lín lǎoshī: ____ hǎo, Mary! Tā shì Wángjiāmíng. ____ shì Linda.
Mary: Nǐmen hǎo!
Wáng Jiāmíng、Linda: ____ hǎo!
Lín lǎoshī: Tóngxuémen zàijiàn.
Wáng Jiāmíng、Linda、Mary: ____.

제4과 谢谢 : 고맙습니다

1. 회화해석

老师 : 谢谢你!
家明 : 不客气。
老师 : 你叫什么名字?
家明 : 我叫王家明。
家明 : 老师再见。
老师 : 再见。

A : 고마워요!
B : 천만에요.
A : 이름이 뭐에요?
B : 제 이름은 왕짜밍입니다.
B : 선생님 안녕히 가세요.
A : 잘 가요.

2. 단어정리

谢谢	xièxie	고맙습니다.
不客气	búkèqi	천만에요.
什么	shénme	무엇
名字	míngzi	이름

3. 연습문제

1. Fill in the blanks with initials according to the cues in the box.

shén me míng
kè qì xiè
bù xué men jié

j iè
____ én ____ íng
____ iè ____ è
____ e ____ en
____ i ____ ué

2. Complete the following dialogues according to the pictures.

Example

Nǐ jiào shénme míngzi ?
Wǒ jiào Wáng Jiāmíng.

(1)

Tā jiào shénme míngzi?
____

(2)

____
Tā jiào Jack.

(3)

Xièxie nǐ, Mary!
____, lǎoshī!

3. Supply tones for the following *Pinyin* according to the text.

xiexie xièxie
shenme ____ mingzi ____
ni hao ____ zaijian ____
nimen ____ tamen ____

제5과 她们是学生吗：그녀들은 학생입니까

1. 회화해석

家明：她们是学生吗？	A：그녀들은 학생입니까?
杰克：是，她们是学生。	B：네, 그녀들은 학생입니다.
家明：他是老师吗？	A：그는 선생님입니까?
杰克：不，他不是老师，他是校长。	B：아니오, 그는 선생님이 아니고, 교장선생님입니다.

2. 단어정리

她们	tāmen	그녀들
学生	xuésheng	학생
吗	ma	~입니까?
校长	xiàozhǎng	교장, 총장

3. 연습문제

1. Fill in the blanks with initials according to the cues in the box.

shēng	kè	lǎo
shū	xiào	zhǎng
men	ma	lín xiè

____x____ iè

________ ǎng　　________ a

________ iào　　________ è

________ en　　________ ū

________ ǎo　　________ ēng

2. Complete the following dialogues with the words in the box.

(1) bù　shì　hǎo　nǐ　ma

A: ________ ________

B: Nǐ hǎo!

A: Nǐ shì xuésheng ma?

B: ________, wǒ shì xuésheng. Nǐ shì xiàozhǎng ________?

A: Bù, wǒ ________ ________ xiàozhǎng.

(2) shì　jiào　hǎo　nǐ　bù

A: Nǐ hǎo, Lín lǎoshī!

B: ________ ________, nǐ jiào shénme míngzi?

A: Wǒ ________ Linda. Tā ________ xiàozhǎng ma?

B: Shì, tā ________ xiàozhǎng.

A: Xièxie nǐ!

B: ________ kèqi!

제6과 他们是我的朋友：그들은 저의 친구들이에요

1. 본문해석

你好，我叫杰克。	안녕하세요, 저는 잭이라고 해요.
他们是我的朋友，	그들은 저의 친구들이에요.
他叫王家明，	그는 왕짜밍이라고 하고,
她叫玛丽。	그녀는 메리라고 해요.
我们是中学生。	우리는 고등학생이에요.

2. 단어정리

他们	tāmen	그들
的	de	~의(소속)
朋友	péngyou	친구
我们	wǒmen	우리들
中学生	zhōngxuéshēng	중,고등학생

3. 연습문제

1. Fill in the blanks with initials according to the cues in the box.

biàn	shì	de	
xiào	péng	zhōng	
tā	xué	zhǎng	xiè

____x____ ué

________ e　　________ éng

________ ōng　　________ iàn

________ ì　　________ ā

________ iào　　________ ǎng

2. Fill in the blanks with finals and tones according to the cues in the box.

wǒ	xiào	ma
zhōng	zhǎng	míng
péng	yì	qǐng xué

m ____íng____

m ________　　zh ________

zh ________　　p ________

y ________　　w ________

q ________　　x ________

3. Complete the crossword of *Pinyin*.

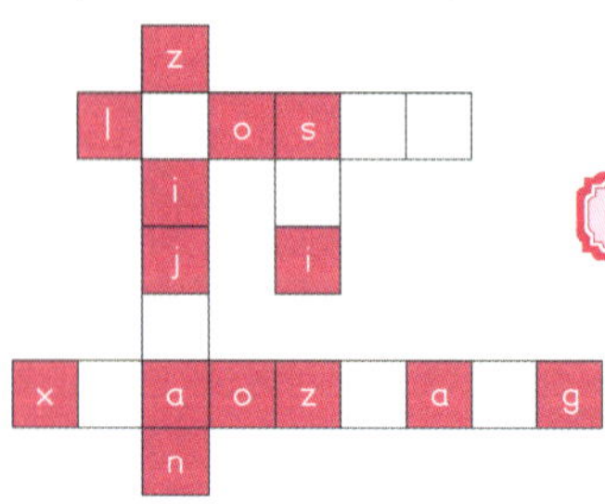

lǎoshī　xiàozhǎng　zàijiàn　shì

4. Can you write the basic strokes in Chinese characters?

héng 横 the horizontal stroke __一__　　shù 竖 the vertical stroke ______

piě 撇 the down stroke to the left ______　　diǎn 点 the dot ______

nà 捺 the down stroke to the right ______　　tí 提 the upward stroke to the right ______

héng zhé 横折 the horizontal line and then a turning ______

제7과
他是谁 : 그는 누구입니까

1. 회화해석

教练 : 他是谁?	A : 그는 누구입니까?
大卫 : 他是我的朋友王家明。	B : 그는 저의 친구 왕짜밍입니다.
教练 : 他也打橄榄球吗?	A : 그도 럭비를 하나요?
大卫 : 不, 他不打橄榄球, 他打篮球。	B : 아니오, 그는 럭비를 하지 않고, 농구를 합니다.

2. 단어정리

教练	jiàoliàn	교련, 코치
谁	shuí	누구
也	yě	또한
打	dǎ	때리다,~하다
橄榄球	gǎnlǎnqiú	미식축구
篮球	lánqiú	농구

3. 연습문제

1. Complete the following dialogues.

Example

Tā shi shuí?

Tā shi Lín lǎoshi.

(1)

Tā shi shuí?

____

(2)

Tāmen zuò shénme?

____

(3)

Tāmen dǎ pīngpāngqiú ma?

Shì, ________

2. Complete the following dialogues with the words in the box.

shì	bù	ma	yě	dǎ

A: Tā ______ shuí?

B: Tā ______ wǒ de péngyou Jiékè.

제8과
谁是你的好朋友 : 누가 당신의 친한 친구입니까

1. 회화해석

爸爸 : 家明, 你有好朋友吗?	A : 짜밍, 너는 친한 친구가 있니?
家明 : 有啊。	B : 있어요.
爸爸 : 谁是你的好朋友?	A : 누가 너의 친한 친구니?
家明 : 大卫是我的好朋友, 玛丽和艾米丽也是我的好朋友。	B : 데이비드는 저의 친한 친구이에요. 메리와 에밀리도 저의 친한 친구입니다.
爸爸 : 他们都学汉语吗?	A : 그들은 모두 중국어를 배우니?
家明 : 不, 艾米丽不学汉语, 她学法语。	B : 아니요, 에밀리는 중국어를 배우지 않고, 프랑스어를 배워요.

2. 단어정리

有	yǒu	가지다
啊	a	어조사
都	dōu	모두
学	xué	배우다, 공부하다
汉语	hànyǔ	중국어
法语	fǎyǔ	프랑스어

3. 연습문제

1. Complete the following dialogue with the words in the box.

Fǎyǔ	yě	dōu	hǎo	shuí

A: Tāmen shì ______.

B: Tāmen shì wǒ de hǎo péngyou.

A: Nǐ xué Hànyǔ, tāmen ______ xué ma?

B: Bù, tāmen xué ______.

A: Mǎlì ______ shì nǐ de hǎo péngyou ma?

B: Shì de, tā yě shì wǒ de ______ péngyou.

2. Translate the following words.

shénme	what	yǒu	
xué		dōu	
Fǎyǔ		Hànyǔ	

제9과 你有几张中文光盘 : 당신은 중국어 CD를 몇 장 가지고 있습니까

1. 회화해석

家明 : 大卫，你有几张中文光盘?	A :	너는 중국어CD를 몇 장 가지고 있니?
大卫 : 我有3张中文光盘。	B :	난 3장의 중국어 CD가 있어.
家明 : 杰克，你有几张?	A :	잭, 너는 몇 장 있니?
杰克 : 我没有中文光盘。	C :	난 중국어CD를 가지고 있지 않아.

2. 단어정리

几	jǐ	몇
张	zhāng	세는단위(장)
中文	zhōngwén	중국어
光盘	guāngpán	(동영상)CD
没有	méiyǒu	있지 않다

3. 연습문제

1. Answer the questions.

Example

Wáng Jiāmíng yǒu jǐ zhāng Zhōngwén guāngpán?

Wáng Jiāmíng yǒu sì zhāng Zhōngwén guāngpán.

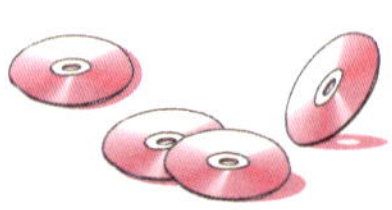

(1) Lín lǎoshī yǒu jǐ zhāng Fǎyǔ guāngpán?

____

(2) Wǒ dǎ lánqiú, nǐ dǎ lánqiú ma?

____

(3) Jiékè xué Hànyǔ, Àimǐlì xué Hànyǔ ma?

____

2. Complete the following dialogue with the words in the box.

zhāng jǐ ma méiyǒu yǒu

A: Jiāmíng, nǐ yǒu Zhōngwén guāngpán ________ ?

B: ________ , wǒ yǒu Zhōngwén guāngpán.

A: Nǐ yǒu ________ zhāng Zhōngwén guāngpán?

B: Wǒ yǒu sān ________ Zhōngwén guāngpán.

제10과 这是谁的钱包 : 이것은 누구의 지갑이죠

1. 회화해석

店员 : 那是什么?	A :	그것은 무엇입니까?
家明 : 是钱包! 这是谁的钱包?	B :	지갑이네요! 이것은 누구의 지갑이죠?
女孩 : 是我的!	C :	제 것이에요!
家明 : 钱包里有多少钱?	B :	지갑 안에 몇 위안이 들어있나요?
女孩 : 38元钱。对吗?	C :	38위안인데, 맞습니까?
家明 : 对，给你!	B :	맞네요, 당신에게 드릴게요.
女孩 : 谢谢你。	C :	고맙습니다.
家明 : 不客气!	B :	천만에요!

2. 단어정리

那	nà	저, 저것
钱包	qiánbāo	지갑
这	zhè	이, 이것
里	lǐ	안쪽
多少	duōshao	얼마의
钱	qián	돈
元	yuán	세는단위(위안)
对	duì	맞다
给	gěi	주다

3. 연습문제

1. Complete the following dialogue with the words in the box.

duōshao yuán xièxie duì shuí zhè lǐ

A: Zhè shì ________ de qiánbāo?

B: ________ shì wǒ de qiánbāo.

A: Qiánbāo ________ yǒu ________ qián?

B: 26 ________ qián, duì ma?

A: ________ , gěi nǐ.

B: ________ .

A: Bú kèqi!

2. Complete the *Pinyin* of the following words.

Zhōngw __én__	
duōsh ________	qi ________ bāo
g ________ āngpán	xué ________ eng
________ iàozhǎng	jiào ________ iàn

제11과
祝你生日快乐 : 생일 축하합니다

1. 회화해석

王家明: 林老师, 您好! A : 임선생님, 안녕하세요!
林老师: 你找谁? B : 누구를 찾니?
王家明: 我找大卫和玛丽。 A : 저는 데이비드와 메리를 찾아요.
林老师: 他们不在这里。 B : 그 학생들은 여기에 없는데.
王家明: 他们在哪里? A : 그 학생들은 어디에 있나요?
大卫, 杰克, 玛丽: 我们在这里! 祝你生日快乐! C : 우리들은 여기에 있어! 생일 축하해!

2. 단어정리

您	nín	당신(2인칭 높임말)
找	zhǎo	찾다
和	hé	~와 (과)
在	zài	~에 있다.
这里	zhèlǐ	여기에
哪里	nǎli	어디에
祝	zhù	빌다, 축복하다
生日	shēngri	생일
快乐	kuàilè	행복한

3. 연습문제

1. Complete the following dialogues with the words in the box.

(1) nǐ ma zài zhǎo nín

A: Lín lǎoshī ________ hǎo!
B: ________ hǎo. nǐ zhǎo wǒ ma?
A: Bù. wǒ ________ wǒ de péngyou Jiāmíng. Tā zài zhèli ________ ?
B: Bù. tā bú ________ zhèli.

(2) shénme nǎli nàli zhèli nǐ

A: ________ hǎo!
B: Nǐ hǎo! nǐ zhǎo ________?
A: Wǒ zhǎo wǒ de Zhōngwén guāngpán. tāmen zài ________ ma?
B: Shì de.
A: Tāmen zài ________ ?
B: Tāmen zài ________ .

제12과
今天我很高兴 : 오늘 저는 매우 즐거웠어요

1. 본문해석

今天是我的生日。 오늘은 저의 생일이에요.
我跟朋友们在一起。 저는 친구들과 함께 있어요.
我们吃蛋糕, 우리는 케익을 먹고,
听音乐。 음악을 들었어요.
大家都很高兴, 모두들 매우 재미있었고,
我也很高兴。 저도 즐거웠어요.

2. 단어정리

今天	jīntiān	오늘
跟	gēn	와 (과)
一起	yìqǐ	같이,함께
吃	chī	먹다
蛋糕	dàngāo	케익
听	tīng	듣다
音乐	yīnyuè	음악
大家	dàjiā	모두(일정한 범위 내의)
很	hěn	매우, 아주, 정말
高兴	gāoxìng	기쁘다

3. 연습문제

1. Complete the crossword of *Pinyin*.

Hànyǔ yīnyuè péngyou xìng Lín gāoxìng

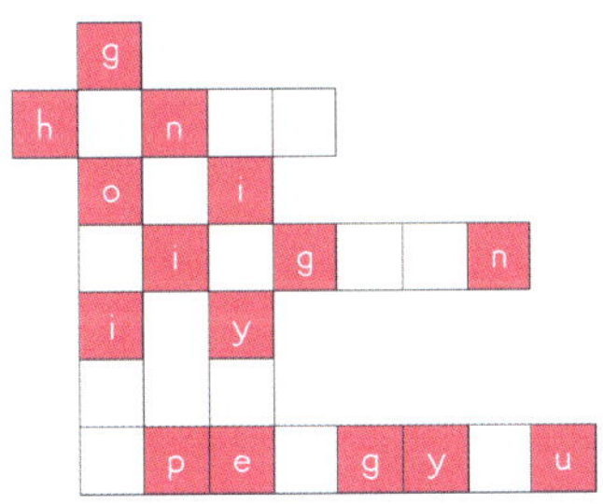

2. Match the Chinese with the English translation.

jīntiān	今天	hear
gāoxìng	高兴	together
yìqǐ	一起	eat
chī	吃	happy
dàngāo	蛋糕	today
tīng	听	music
yīnyuè	音乐	cake

제13과
你多大：너는 몇 살이니

1. 회화해석

家明：大卫，你多大？
大卫：我15岁。
家明：你学不学开车？
大卫：当然。你呢？
　　　你是不是14岁？
家明：对，我14岁。

A：너는 몇 살이니?
B：난 15살이야.
A：너 운전을 배웠니?
B：물론이지. 너는?
　　14살 아니니?
A：맞아, 난 14살이야.

2. 단어정리

多大	duōdà	얼마의, 어느 정도의
岁	suì	살, 세(나이)
开车	kāichē	운전하다
当然	dāngrán	당연하다, 물론이다

3. 연습문제

1. Exercises on Chinese characters.

(1) Identify the components of each of the following Chinese characters.

chi 吃 ／口 ＼乞　　dui 对 ／___ ＼___　　hǎo 好 ／___ ＼___

ne 呢 ／___ ＼___　　xué 学 ／___ ＼___　　shi 是 ／___ ＼___

(2) Form Chinese characters by using the following given components.

口＋斤→（ting 听）

山＋夕→（　　）　又＋寸→（　　）　木＋交→（　　）

亻＋尔→（　　）　女＋子→（　　）　亻＋也→（　　）

2. Match the Chinese with the English translation.

gǒu 狗	two
xué 学	it
tā 它	beautiful
liǎng 两	dog
piàoliang 漂亮	study
lánqiú 篮球	basketball

3. Supply the Chinese *Pinyin* and characters for the figures.

1 yi 一　　2 èr 二
3 ______　　4 ______
5 ______　　6 ______
7 ______　　8 ______
9 ______　　10 ______

제14과
这是我的狗：이것은 저의 개입니다

1. 회화해석

家明：这是你的狗吗？
玛丽：对，是我的狗。
家明：它叫什么名字？
玛丽：它叫大黄。
家明：它很漂亮。
　　　它几岁？
玛丽：它两岁。

A：이 개가 당신의 개입니까?
B：맞습니다. 저의 개입니다.
A：개의 이름이 무엇입니까?
B：따황이라고 합니다.
A：아주 예쁘네요.
　　몇 살박이죠?
B：두 살박이에요.

2. 단어정리

狗	gǒu	개
它	tā	그것, 저것(사람 이외의)
漂亮	piàoliang	아름답다, 예쁘다
两	liǎng	2, 둘

3. 연습문제

1. Form words with the characters in the box and add *Pinyin*.

什	当	名	漂
多	开	大	朋
学	然	么	车
亮	生	字	友

(1) 开车 kāi chē　(2) ______
(3) ______　(4) ______
(5) ______　(6) ______
(7) ______　(8) ______

2. Supply the Chinese *Pinyin* and characters for the figures.

1 yi 一　　2 èr 二
3 ______　　4 ______
5 ______　　6 ______
7 ______　　8 ______
9 ______　　10 ______

3. Form Chinese characters by using the following given components.

又＋寸→（dui 对）

者＋阝→（　　）　忄＋央→（　　）

讠＋身＋寸→（　　）　犭＋句→（　　）

제15과 你从哪里来 : 당신은 어디에서 왔습니까

1. 회화해석

玛丽：你好，你叫什么名字？	A : 안녕하세요, 당신의 이름은 무엇입니까?
邻居：我姓本田，我叫本田和美。你呢？	B : 제 성은 번티엔이고, 제 이름은 번티엔허메이입니다. 당신은?
玛丽：我叫玛丽。你从哪里来？	A : 제 이름은 메리입니다. 당신은 어디에서 왔습니까?
邻居：我从日本来。欢迎你来我家玩！	B : 저는 일본에서 왔습니다. 우리 집에 놀러오세요. 환영합니다!

2. 단어정리

姓	xìng	성씨, 성이 ...이다.
呢	ne	의문의 어기를 나타냄
从	cóng	~부터
来	lái	오다
欢迎	huānyíng	환영하다
家	jiā	집
玩	wán	놀다, 장난하다

3. 연습문제

1. Complete the sentences according to the pictures.

Example

王 家 明 从 哪 里 来？
wáng jiā míng cóng nǎ lǐ lái
王 家 明 从 中 国 来。
wáng jiā míng cóng zhōng guó lái

(1)

本 田 从 哪 里 来？
běn tián cóng nǎ lǐ lái
本 田 从 ________ 来。
běn tián cóng lái

제16과 我住在柏树街 : 저는 바이슈가에 삽니다

1. 회화해석

店员：喂，比萨饼店。请问，您要什么？	A : 여보세요, 피자가게입니다. 무엇을 주문하시겠어요?
家明：我要一份比萨饼。	B : 피자 1인분 주문하려구요.
店员：您住在哪里？	A : 어디에 사십니까?
家明：我住在柏树街1154号。	B : 바이슈가 1154번지에 살아요.
店员：好，马上到。	A : 네, 곧 가겠습니다.

2. 단어정리

喂	wèi	여보세요
比萨饼	bǐsàbǐng	피자
(商)店	(shāng)diàn	상점, 가게
请问	qǐngwèn	말 좀 묻겠습니다
要	yào	필요하다, 원하다
份	fèn	한 벌, 일인분
住	zhù	살다
在	zài	~에 있다
号	hào	번호
好	hǎo	좋다
马上	mǎshàng	곧, 즉시
到	dào	도착하다

3. 연습문제

1. Complete the following dialogues with the words in the box.

(1)

好	住	要	是	份	在
hǎo	zhù	yào	shì	fèn	zài

A: 喂，________ 比 萨 饼 店 吗？
wèi bǐ sà bǐng diàn ma

B: 是 的，请 问，您 ________ 什 么？
shì de qǐngwèn nín shén me

A: 我 要 两 ________ 比 萨 饼。
wǒ yào liǎng bǐ sà bǐng

B: 您 住 ________ 哪 里？
nín zhù nǎ lǐ

A: 我 ________ 在 17 街 513 号。
wǒ zài jiē hào

B: ________，马 上 到。
mǎshàngdào

 제17과
你家有几口人 : 당신 가족은 몇 분입니까

1. 회화해석

大卫:	你家有几口人?	A : 너희는 가족이 몇 명이니?
家明:	我家有三口人。 爸爸,妈妈和我。 你家呢?	B : 우리 집은 세 가족이야. 아빠, 엄마,그리고 나. 너희 집은?
大卫:	我家有五口人。 爸爸,妈妈,哥哥, 姐姐,还有我。	A : 우리 집은 다섯 가족이야. 아빠, 엄마, 형, 누나하고 나.
家明:	你有没有狗?	B : 너희 집에 개가 있니?
大卫:	有, 我有一只大狗, 还有一只小猫。	A : 있어, 우리 집에는 큰 개 한 마리와 작은 고양이 한 마리가 있어.

2. 단어정리

口	kǒu	입, 식구(사람을 셀 때)
人	rén	사람
爸爸	bàba	아빠
妈妈	māma	엄마
哥哥	gēge	오빠, 형
姐姐	jiějie	누나, 언니
还	hái	또, 더,그리고
大	dà	크다
小	xiǎo	작다
猫	māo	고양이

3. 연습문제

1. Complete the following dialogue with the words in the box.

只	还	有	几	谁	吗
zhī	hái	yǒu	jǐ	shuí	ma

A: 你 家 有 ______ 口 人?
ní jiā yǒu kǒu rén

B: 我 家 ______ 五 口 人。
wǒ jiā wǔ kǒu rén

A: 他 们 是 ______?
tā men shì

B: 爸 爸、妈 妈、哥 哥、姐 姐, ______ 有 我。
bà ba mā ma gē ge jiě jie yǒu wǒ

A: 你 家 有 狗 ______?
ní jiā yǒu gǒu

B: ______, 我 家 有 一 ______ 大 狗, ______ 有 一 只 小 猫。
wǒ jiā yǒu yì dà gǒu yǒu yì zhī xiǎomāo

 제18과
我爸爸是医生 : 저의 아빠는 의사입니다

1. 본문해석

我家有五口人, 爸爸、妈妈、弟弟、 妹妹和我。	우리 집에는 모두 다섯 식구가 있어요. 아빠, 엄마, 남동생, 여동생 그리고 나. 우리는
我们住在温哥华	벤쿠버에 살고 있어요.
我爸爸是医生。	저의 아버지는 의사입니다.
我还有爷爷和奶奶,	그리고 할아버지와 할머니도 계세요.
他们不住在温哥华,	그분들은 벤쿠버에 살지 않고,
他们住在芝加哥。	시카고에 살고 계세요. 저에게는
我还有一只大狗,	큰 개 한 마리도 있어요.
它叫大黄,	그 개는 따황이라고 불러요,
它很喜欢我的邻居,	그 개는 저의 이웃을 아주 좋아해요.
可是我的邻居不喜欢它。	하지만 저의 이웃은 그 개를 좋아하지 않아요.

2. 단어정리

弟弟	dìdi	남동생
妹妹	mèimei	여동생
医生	yīshēng	의사
爷爷	yéye	할아버지
奶奶	nǎinai	할머니
喜欢	xǐhuan	좋아하다
邻居	línjū	이웃
可是	kěshì	그러나, 하지만

3. 연습문제

1. Match the following characters with the *Pinyin*.

奶	医	可
爷	妹	居
邻	喜	弟

dì	弟		
lín	______	kě	______
yī	______	xì	______
jū	______	yé	______
mèi	______	nǎi	______

2. Supply *Pinyin* for the following words.

爷爷	yéye		
医生	______	可是	______
妹妹	______	喜欢	______
邻居	______	爸爸	______
弟弟	______	哥哥	______

제19과 现在几点 : 지금 몇 시에요

1. 회화해석

家明: 妈妈, 现在几点?	A : 엄마, 지금 몇 시에요?
妈妈: 现在九点半。你今天有事吗?	B : 지금 9시 반이다. 너 오늘 일 있니?
家明: 我去大卫家。	A : 데이비드 집에 가요.
妈妈: 你几点去?	B : 몇 시에 가니?
家明: 我十点去。	A : 10시에 가요.
妈妈: 起床吧!	B : 일어나야지!

2. 단어정리

现在	xiànzài	지금, 현재
点(钟)	diǎn(zhōng)	시(時), 시간
半	bàn	절반
事	shì	일
去	qù	가다
起床	qǐchuáng	일어나다
吧	ba	어기조사(제의, 청구, 독촉의 의미)

3. 연습문제

1. Complete the following dialogues according to the pictures.

Example

现在几点?
xiàn zài jǐ diǎn

现在5点22分。
xiàn zài diǎn fēn

(1)

现在几点?
xiàn zài jǐ diǎn

现在 ________。
xiàn zài

(2)

现在几点?
xiàn zài jǐ diǎn

现在 ________。
xiàn zài

(3)

现在是十点半吗?
xiàn zài shì shí diǎn bàn ma

对, 现在是 ________。
duì xiàn zài shì

제20과 你每天几点起床 : 당신은 매일 몇 시에 일어나세요

1. 회화해석

家明: 大卫, 你每天早上几点起床?	A : 데이비드, 너는 매일 아침 몇 시에 일어나니?
大卫: 我每天七点一刻起床。	B : 난 매일 7시 15분에 일어나.
家明: 晚上呢, 晚上你什么时候睡觉?	A : 저녁에는? 저녁엔 몇 시에 자니?
大卫: 我十点半睡觉。你呢?	B : 10시 30분에 자. 너는?
家明: 我早上七点起床, 晚上十一点睡觉。	A : 난 아침 7시에 일어나고, 저녁 11시에 자.

2. 단어정리

每天	měitiān	매일
早上	zǎoshang	아침
刻(钟)	kè(zhōng)	15분
晚上	wǎnshang	저녁
时候	shíhou	시간, ~일때
睡觉	shuìjiào	잠자다

3. 연습문제

1. Complete the following form with your own information.

Time	Activities
8:00	qǐ chuáng 起床
8:30	
9:00	
12:00	
12:45	
13:15	
16:00	
17:30	
19:00	
20:30	
23:00	
24:00	

2. Form words with the characters in the box and add *Pinyin*.

爷	医	哪	生
生	起	法	盘
光	每	床	语
天	里	爷	日

(1) 法语 Fǎyǔ (2) ________
(3) ________ (4) ________
(5) ________ (6) ________
(7) ________ (8) ________

제21과
昨天, 今天, 明天 : 어제, 오늘, 내일

1. 회화해석

家明：今天几月几号？ A : 오늘은 몇 월 몇 일이니?
玛丽：十一月二十三号。 B : 11월 23일.
家明：感恩节是哪一天？ A : 추수감사절은 몇 일이니?
玛丽：明天。 B : 내일이야.
大卫：中国的春节是哪一天？ C : 중국의 설날은 몇 일이니?
玛丽：明年一月十六日是春节。 B : 내년 1월 16일이 설날이야.

2. 단어정리

月	yuè	달, 월
号	hào	일(日)
节	jié	기념일, 축제일
哪	nǎ	어느, 어떤, 어디
天	tiān	날, 하루
明天	míngtiān	내일
明年	míngnián	내년

3. 연습문제

1. Form words with the characters in the box and add *Pinyin*.

中	明	觉	医
篮	校	光	国
睡	盘	春	球
天	节	长	生

(1) 篮球 lánqiú (2) ______
(3) ______ (4) ______
(5) ______ (6) ______
(7) ______ (8) ______

2. Complete the following sentences.

(1) A: 昨天几月几号？ B: 十一______二十三______。
zuó tiān jǐ yuè jǐ hào / shí yī èr shí sān

A: 今天______？ B: 十一月二十四号。
jīn tiān / shí yī yuè èr shí sì hào

A: 明天______？ B: 十一月二十五号。
míngtiān / shí yī yuè èr shí wǔ hào

(2) A: 感恩节是哪一天？ B: ______是感恩节。
gǎn ēn jié shì nǎ yì tiān / shì gǎn ēn jié

A: 圣诞节______？ B: ______。
shèngdàn jié

A: 春节______？ B: ______。
chūn jié

3. Form Chinese characters by using the following given components.

目＋垂→（shuì 睡）
日＋乍→（ ） 口＋乞→（ ） 口＋尼→（ ）
咸＋心→（ ） 因＋心→（ ） 夫＋日→（ ）

제22과
星期六你干什么 : 토요일에 당신은 무엇을 합니까

1. 회화해석

玛丽：家明、星期六你打算干什么？ A : 짜밍, 토요일에 너는 무엇을 할 작정이니?
家明：我打算跟大卫、杰克一起看电影。你打算干什么？ B : 나는 데이비드, 잭과 함께 영화를 보러 갈 예정이야. 너는 무엇을 할거니?
玛丽：我跟你们一起去看电影，行吗？ A : 나도 너희들이랑 같이 영화 보러 갈래, 괜찮니?
家明：当然可以。 B : 물론 좋아.

2. 단어정리

星期	xīngqī	주, 요일
打算	dǎsuan	~할 작정이다
干	gàn	(일을)하다
看	kàn	보다, 지켜보다
电影	diànyǐng	영화
行	xíng	할수 있다, 문제 없다, 좋다
可以	kěyǐ	괜찮다, 할 수 있다

3. 연습문제

1. Complete the following dialogues with the words in the box.

(1)

干	行	跟	可以	打算	一起	呢
gàn	xíng	gēn	kě yǐ	dǎsuan	yì qǐ	ne

杰克：家明，星期六你打算______什么？
jié kè jiā míng xīng qī liù nǐ dǎ suan shén me

家明：我______和大卫______去打球。你______？
jiā míng wǒ hé dà wèi qù dǎ qiú nǐ

杰克：我______你们一起去玩，______吗？
jié kè wǒ nǐ men yì qǐ qù wán ma

家明：当然______。
jiā míng dāngrán

2. Complete the following table.

Day of a week	Activities
星期一	dǎ lánqiú 打篮球
星期二	
星期三	
星期四	
星期五	
星期六	
星期日	

제23과 今天天气怎么样 : 오늘 날씨는 어떻습니까

1. 회화해석

家明: 爸爸, 今天天气怎么样?	A : 아빠, 오늘 날씨 어때요?
爸爸: 现在刮风, 下午可能下雨。	B : 지금은 바람이 불지만, 아마 오후에는 비가 내릴 것 같다.
家明: 我带雨伞吧, 我的雨伞在哪儿?	A : 우산을 가져갈게요, 제 우산은 어디에 있어요?
爸爸: 外面风很大, 你带雨衣吧!	B : 밖에 바람이 많이 불고 있으니, 비옷을 꼭 챙겨가라.

2. 단어정리

天气	tiānqì	날씨
怎么样	zěnmeyàng	어때
刮(风)	guā(fēng)	(바람이) 불다
风	fēng	바람
下午	xiàwǔ	오후
可能	kěnéng	아마도
下雨	xiàyǔ	비가오다
带	dài	지니다, 휴대하다
雨伞	yǔsǎn	우산
哪儿	nǎr	어디, 어느 곳
外面	wàimian	밖, 겉면
雨衣	yǔyī	비옷

3. 연습문제

1. Complete the following dialogues according to the pictures.

Example

A: 今 天 天 气 怎 么 样?
jīn tiān tiān qì zěn me yàng

B: 今 天 刮 风。
jīn tiān guā fēng

(1) A: 昨 天 天 气 怎 么 样?
zuó tiān tiān qì zěn me yàng

B: 昨 天 ____________。
zuó tiān

제24과 冬天冷, 夏天热 : 겨울은 춥고 여름은 더워요

1. 본문해석

家明 :	짜밍:
新年好 !	새해 복 많이 받아!
最近忙不忙 ?	요즘은 바쁘니?
你打算什么时候来北京 ?	언제 북경에 올 계획이니?
北京的冬天很冷,	북경의 겨울은 아주 춥고,
夏天很热。	여름은 아주 더워.
春天不冷,	봄은 춥지 않지만,
可是常常刮风。	바람이 자주 불어.
秋天非常好,	가을은 아주 좋아,
不冷也不热。	춥지도 덥지도 않으니까.
我觉得秋天最好。	내 생각에는 가을이 제일 좋아.
祝你节日快乐 !	설 명절 축하해요!
你的朋友 : 小雨	너의 친구:샤오위
1月5日	1월5일

2. 단어정리

新年	xīnnián	새해
最近	zuìjìn	최근, 요즘
忙	máng	바쁘다
觉得	juéde	느끼다
秋天	qiūtiān	가을
最	zuì	가장, 최고의
冬天	dōngtiān	겨울
冷	lěng	춥다, 차다
夏天	xiàtiān	여름
热	rè	덥다
春天	chūntiān	봄
常常	chángcháng	자주
非常	fēicháng	아주, 매우
节日	jiérì	명절, 기념일

3. 연습문제

1. Find the corresponding Chinese for the English.

春天	夏天	秋天
冬天	节日	常常
热	冷	

spring	春天	festival	______
often	______	cold	______
hot	______	winter	______
summer	______	autumn	______

제25과 我要二十个饺子：만두 20개를 주세요

1. 회화해석

服务员：先生， 您吃点儿什么？	A: 손님, 무엇을 드시겠습니까?
杰克 ：有饺子吗？	B: 만두 있습니까?
服务员：有，要多少？	A: 예, 있어요. 얼마나 원하세요?
杰克 ：二十个饺子。	B: 20개 주세요.
服务员：好。 您喝什么饮料？	A: 알겠습니다. 음료수는 무엇을 드시겠어요?
杰克 ：我不要饮料， 要一碗鸡蛋汤。	B: 음료수는 됐고요, 계란탕 하나 주세요.
服务员：好。	A: 네, 알겠습니다.

2. 단어정리

先生	xiānsheng	선생, 씨(성인 남자에 대한 존칭)
(一)点(儿)	(yì)diǎn(r)	조금의, 약간의
饺子	jiǎozi	만두
个	gè	~개, ~명(수량을 나타냄)
喝	hē	마시다
饮料	yǐnliào	음료
碗	wǎn	그릇
鸡蛋	jīdàn	달걀
汤	tāng	국

3. 연습문제

1. Complete the following dialogues with the words in the box.

个	点儿	什么	要	碗
gè	diǎnr	shénme	yào	wǎn

A: 先 生，您 吃______什 么？
xiān sheng nín chī shén me
B: 我 要 二 十______饺 子。
wǒ yào èr shí jiǎo zi
A: 好。您 喝______饮 料？
hǎo nín hē yǐn liào
B: 我 不 要 饮 料，我______一______鸡 蛋 汤。
wǒ bú yào yǐn liào wǒ yì jī dàn tāng

제26과 你们家买不买年货：너희들 집에서도 설맞이 물품을 사니

1. 회화해석

杰克：今天这里很热闹， 为什么？	A: 오늘 이곳이 아주 왁자지껄하는데, 왜 그러니?
家明：因为后天是春节， 大家都买年货。	B: 왜냐하면 모레가 설이기 때문에, 모두들 설맞이 물품을 사는거야.
杰克：什么是年货？	A: 무엇이 설맞이 물품이니?
家明：年货是过年的时候吃的和用的东西。	B: 설을 쇨 때 먹을 것과 사용하는 것들이야.
杰克：过年的时候有没有礼物？	A: 설을 쇨 때, 선물도 있니?
家明：有啊。 去年我收到很多礼物， 还收到很多压岁钱。	B: 있지. 작년에 난 많은 선물을 받았고, 또 세뱃돈도 많이 받았어.

2. 단어정리

热闹	rènao	번화하다, 왁자지껄하다
为什么	wèishénme	왜
因为	yīnwèi	왜냐하면
后天	hòutiān	모레
买	mǎi	사다
年货	niánhuò	설맞이 물품
过年	guònián	설을 쇠다
用	yòng	쓰다, 사용하다
东西	dōngxi	물건
礼物	lǐwù	선물
去年	qùnián	작년
收到	shōudào	받다
多	duō	많다
压岁钱	yāsuìqián	세뱃돈

3. 연습문제

1. Complete the following dialogues according to the pictures.

Example
为 什 么 今 天 这 里 很 热 闹？
wèi shén me jīn tiān zhè lǐ hěn rè nao
因 为 今 天 是 春 节。
yīn wèi jīn tiān shì chūn jié

(1)

Jim 为 什 么 带 雨 衣？
wèi shén me dài yǔ yī
因 为 外 面 可 能__________。
yīn wèi wài miàn kě néng

제27과
一共多少钱 : 모두 얼마입니까

1. 회화해석

店员: 您好, 您买什么?	A: 안녕하세요, 무엇을 사시겠어요?
家明: 我买一盒牛奶、一瓶果酱、三块黄油和两个面包。	B: 우유 한 통, 잼 한 병, 버터 3개 그리고 빵 두 개를 사려고요.
店员: 还要别的东西吗?	A: 또 필요한 것 있으세요?
家明: 还要一包口香糖。一共多少钱?	B: 껌 한 통이요. 모두 얼마에요?
店员: 一共十二元。	A: 모두 12위안입니다.
店员: 这是一百元, 找您八十八元。	A: 여기 100위안이에요, 88위안 거스름돈 받으세요.

2. 단어정리

盒	hé	상자, 갑
牛奶	niúnǎi	우유
瓶	píng	병
果酱	guǒjiàng	잼
块	kuài	덩어리, 조각
黄油	huángyóu	버터
面包	miànbāo	빵
别的	biéde	다른
包	bāo	봉지
口香糖	kǒuxiāngtáng	껌
一共	yígòng	모두
找	zhǎo	잔돈을 거슬러 주다

3. 연습문제

1. Choose the correct measure words.

碗 wǎn　包 bāo　瓶 píng　个 gè　块 kuài

(1) 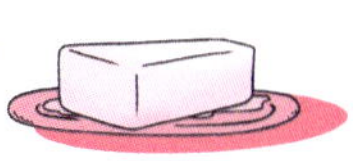 一_____黄 油 (yī _____ huáng yóu)

(2) 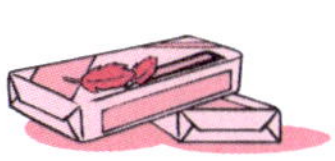 两_____口 香 糖 (liǎng _____ kǒu xiāng táng)

제28과
你喜欢什么颜色 : 당신은 무슨 색을 좋아하세요

1. 회화해석

大卫: 你喜欢什么颜色?	A: 너는 무슨 색을 좋아하니?
玛丽: 我喜欢蓝色, 蓝色是大海的颜色。你呢?	B: 나는 파란색을 좋아해, 파란색은 바다의 색이기 때문이야. 너는?
大卫: 我喜欢绿色。	A: 나는 녹색을 좋아해.
玛丽: 为什么?	B: 왜?
大卫: 因为树木、草地都是绿色的。家明呢, 你喜欢什么颜色?	A: 왜냐하면 나무, 풀밭 모두가 녹색이기 때문에. 짜밍, 너는 무슨 색을 좋아하니?
家明: 我喜欢红色和橙色, 这两种颜色很明亮。	C: 나는 빨간색과 오렌지색을 좋아해, 두 색은 아주 밝아서 좋아.

2. 단어정리

颜色	yánsè	색깔
蓝色	lánsè	남색, 파란색
大海	dàhǎi	바다
绿色	lǜsè	녹색
树木	shùmù	나무
草地	cǎodì	풀밭, 잔디
红色	hóngsè	빨간색
橙色	chéngsè	오렌지색
种	zhǒng	종류
明亮	míngliàng	밝다, 환하다

3. 연습문제

1. Answer the questions according to the pictures.

(1) 树 木 和 草 地 是 什 么 颜 色 的? (shù mù hé cǎo dì shì shén me yán sè de)

____

(2) 果 酱 是 不 是 红 色 的? (guǒ jiàng shì bu shì hóng sè de)

____

제29과 穿这件还是穿那件 : 이 옷을 입을까요 아니면 저 옷을 입을까요

1. 회화해석

玛丽：妈妈，这件衣服怎么样？	A: 엄마, 이 옷 어때요?
妈妈：这件衣服很漂亮。	B: 이 옷은 아주 예쁘구나.
玛丽：那件呢？	A: 저 옷은요?
妈妈：那件也不错。	B: 저 옷도 예쁘구나.
玛丽：今天我穿哪件？ 穿这件还是穿那件？	A: 오늘 나는 무엇을 입지? 이 옷을 입을까요 아니면 저 옷을 입을까요?
妈妈：如果配黑色的裙子， 这件不好，那件好。	B: 만약 검정색 치마랑 같이 입는다면, 이 옷은 안 어울리고, 저 옷이 예쁘겠구나.

2. 단어정리

件	jiàn	일, 사건, 사물을 셀 때
衣服	yīfu	옷
不错	búcuò	좋다, 훌륭하다
穿	chuān	입다
还是	háishi	~아니면, ~이다
如果	rúguǒ	만일, 만약에
配	pèi	배합하다, 분배하다
黑色	hēisè	검은색
裙子	qúnzi	치마, 스커트

3. 연습문제

1. Make up conversations according to the example and pictures.

Example

吃 饺 子/吃 包 子
chī jiǎo zi chī bāo zi

A: 你 吃 饺 子 还 是 吃 包 子?
ni chī jiǎo zi hái shi chī bāo zi
B: 我 吃 饺 子。
wǒ chī jiǎo zi

(1) 喝 饮 料/喝 汤
hē yǐn liào hē tāng

A: ______________

B: ______________

제30과 他什么样子 : 그는 어떻게 생겼니

1. 본문해석

那辆车是白色的。	그 차는 흰색이였어요.
开车的人是男的，	운전하는 사람은 남자이고,
头发很长，	머리가 아주 길었어요.
戴一副墨镜，	썬글라스를 쓰고,
穿黄色的衣服，	노란색 상의를 입었고,
紫色的裤子。	자주색 바지를 입었어요.
车牌号码是FC59633。	차번호는 FC59633.

2. 단어정리

样子	yàngzi	모양, 모습
辆	liàng	~대 (차량을 셀 때 쓰는 양사)
白色	báisè	흰색
男	nán	남자
头发	tóufa	머리칼
长	cháng	길다
戴	dài	쓰다
副	fù	~벌, 쌍
墨镜	mòjìng	선글라스
黄色	huángsè	노란색
紫色	zǐsè	자주색
车牌	chēpái	차 번호판
号码	hàomǎ	번호

3. 연습문제

1. Write a short passage with the words given according to the picture.

女的 nǚ de	长 cháng	戴 dài
墨镜 mòjing	裙子 qún zi	颜色 yán sè
头发 tóu fa	衣服 yī fu	

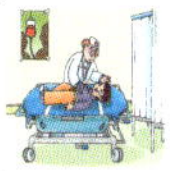

제31과
你哪儿不舒服 : 당신은 어디가 불편하세요

1. 회화해석

医生: 你哪儿疼?	A: 어디가 아프세요?
家明: 我左腿疼。	B: 왼쪽 다리가 아파요.
医生: 还有哪儿不舒服?	A: 다른데도 불편하세요?
家明: 我的头有点儿疼。	B: 머리도 좀 아파요.
医生: 好, 我检查一下儿。你的身体没有大问题, 吃点儿药, 休息一天吧。	A: 네, 제가 진찰 해 보죠. 몸에 큰 문제는 없고요, 간단한 약을 좀 드시고, 하루 정도 휴식을 취하시면 되겠습니다.

2. 단어정리

疼	téng	아프다
左	zuǒ	왼쪽
腿	tuǐ	다리
舒服	shūfu	편하다
头	tóu	머리
有点儿	yǒudiǎnr	조금있다, 약간
检查	jiǎnchá	검사하다
一下儿	yíxiàr	한번(동사 뒤에)
身体	shēntǐ	몸, 신체
问题	wèntí	문제
药	yào	약
休息	xiūxi	휴식하다

3. 연습문제

1. Form words with the characters in the box and add *Pinyin*.

休	问	查	服
左	检	息	腿
药	一	舒	吃
身	题	下	体

(1) 身体 shēntǐ (2) ________
(3) ________ (4) ________
(5) ________ (6) ________
(7) ________ (8) ________

2. Write the Chinese names of the body parts in the picture.

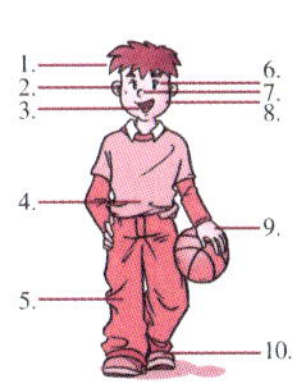

(1) 头 tóu (2) ________
(3) ________ (4) ________
(5) ________ (6) ________
(7) ________ (8) ________
(9) ________ (10) ________

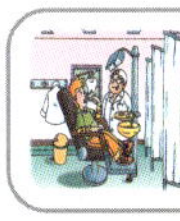

제32과
医生, 我牙疼 : 의사 선생님, 전 이가 아파요

1. 회화해석

杰克: 医生, 我牙疼!	A: 의사 선생님, 전 이가 아파요!
医生: 哪一颗牙, 上面的还是下面的?	B: 어느 이죠? 윗니 아니면 아랫니요?
杰克: 下面的。	A: 아랫니에요.
医生: 左边还是右边?	B: 왼쪽 아니면 오른쪽인가요?
杰克: 右边第三颗。	A: 오른쪽 3번째 이에요.
医生: 你的牙很糟糕。你是不是喜欢吃糖?	B: 이가 아주 엉망이네요. 사탕 먹는 것을 좋아하세요?
杰克: 对, 我特别喜欢吃巧克力。	A: 네, 전 특히 초콜릿을 좋아해요.
医生: 以后应该少吃。	B: 이후에는 꼭 적게 먹어야 됩니다.

2. 단어정리

牙	yá	치아
颗	kē	~알, 개(세는 단위)
上面	shàngmian	위(쪽)
下面	xiàmian	아래(쪽)
右边	yòubian	오른쪽
第	dì	제(수사앞에 쓰여 차례)
糟糕	zāogāo	엉망이 되다, 야단 났군
糖	táng	설탕, 사탕
特别	tèbié	특별하다
巧克力	qiǎokèlì	초콜릿
以后	yǐhòu	이후에
应该	yīnggāi	마땅히...해야한다
少	shǎo	적다

3. 연습문제

1. Make up conversations according to the examples and pictures.

Example

A: 她 的 牙 很 好 吗?
tā de yá hěn hǎo ma
B: 不, 她 的 牙 很 糟 糕。
bù tā de yá hěn zāo gāo

(1) A: 她 的 牙 很 糟 糕 吗?
tā de yá hěn zāo gāo ma
B: 不, ________________。
bù

제33과 你会游泳吗：당신은 수영을 할 수 있습니까

1. 회화해석

玛丽：家明，你经常锻炼身体吗？	A: 짜밍, 넌 자주 운동을 하니?
家明：不经常锻炼。	B: 자주 하지는 않아.
玛丽：你喜欢什么运动？	A: 너는 무슨 운동을 좋아하니?
家明：我喜欢跑步。你呢？	B: 달리기를 좋아해. 너는?
玛丽：我喜欢游泳。你会游泳吗？	A: 나는 수영을 좋아해. 너는 수영을 할수 있니?
家明：我不会。要是有时间，你教我吧！	B: 못 해. 만일 시간이 있으면, 네가 가르쳐줘!

2. 단어정리

经常	jīngcháng	자주
锻炼	duànliàn	단련하다
运动	yùndòng	운동하다
跑步	pǎobù	달리다
游泳	yóuyǒng	수영하다
会	huì	할 수 있다
要是	yàoshi	만일….한다면
时间	shíjiān	시간
教	jiāo	가르치다

3. 연습문제

1. Answer the questions according to the pictures.

Example

你 会 游 泳 吗？
ni huì yóu yǒng ma
是 的，我 会 游 泳。
shì de wǒ huì yóu yǒng

(1) 杰 克 会 开 车 吗？
jié kè huì kāi chē ma
不，________________

(2) 你 的 爸 爸 经 常 跑 步 吗？
nǐ de bà ba jīng cháng pǎo bù ma
是 的，________________
shì de

제34과 去游泳池怎么走：수영장은 어떻게 갑니까

1. 회화해석

大卫：喂，我是大卫。我找王家明。	A: 여보세요? 난 데이비드야. 왕짜밍 좀 바꿔줄래?
家明：我是王家明。大卫，你好，什么事？	B: 내가 왕짜밍이야. 데이비드, 안녕. 무슨 일이니?
大卫：你去不去游泳？	A: 수영하러 안 갈래?
家明：我不会游泳。	B: 난 수영 못해.
大卫：别担心，那里有教练。	A: 걱정마, 그곳에는 코치가 있어.
家明：好，我去。去游泳池怎么走？	B: 좋아, 갈게. 수영장은 어떻게 가니?
大卫：从你家向东走，到第二个路口向右拐。我在那儿等你。	A: 너희 집에서 동쪽으로 가서, 두 번 째 길목에서 오른쪽으로 돌아가. 거기에서 기다리고 있을게.

2. 단어정리

找	zhǎo	찾다
别	bié	~하지 말아라
担心	dānxīn	걱정하다
游泳池	yóuyǒngchí	수영장
怎么	zěnme	어떻게, 왜
走	zǒu	가다
向	xiàng	~을 향하다
东	dōng	동쪽
路口	lùkǒu	갈림길, (교차로)길목
右	yòu	오른쪽
拐	guǎi	방향을 바꾸다
等	děng	기다리다

3. 연습문제

1. Complete the following sentences.

(1)
A: 你__________打 篮 球？
nǐ dǎ lán qiú
B: 我 不 喜 欢 打 篮 球，我 不 去。
wǒ bù xǐ huan dǎ lán qiú wǒ bú qù

제35과
你去哪儿度暑假 : 당신은 어디에서 여름 휴가를 보냅니까

1. 회화해석

大卫:	家明,	A:	짜밍,
	你去哪儿度暑假?		너는 어디서 여름휴가를 보낼거니?
家明:	我去山区度暑假。	B:	난 산에서 여름휴가를 보낼 거야.
	你去不去?		너도 갈래?
大卫:	我不去,	A:	난 안 갈래,
	我去海边游泳。		난 바닷가에서 수영할거야.
杰克:	我喜欢爬山,	C:	나는 등산을 좋아해.
	我和你一起去山区。		난 너랑 산에 갈래.
	玛丽, 你去哪儿?		메리, 너는 어디로 갈거니?
玛丽:	我去西部海边	D:	난 서부 바닷가에 갈거야,
	那里很凉快,		그곳은 아주 시원해,
	还可以游泳。		그리고 수영도 할 수 있어.

2. 단어정리

度	dù	(시간을) 보내다
暑假	shǔjià	여름휴가, 방학
山区	shānqū	산간지역
海边	hǎibiān	바닷가
爬	pá	(산에) 오르다
山	shān	산
西部	xībù	서부, 서쪽
凉快	liángkuai	시원하다

3. 연습문제

1. Write a short passage with the words given according to the picture.

暑假 shǔ jià	度 dù	打算 dǎsuan
爬山 páshān	游泳 yóuyǒng	凉快 liángkuai

제36과
运动场上有很多人 : 운동장에는 사람이 아주 많아요

1. 본문해석

今天学校举行运动会。	오늘 학교에서 운동회를 열었어요.
运动场上有很多人,	운동장에는 사람들이 아주 많은데,
有的参加棒球赛,	어떤 사람들은 야구경기에 참가하고,
有的参加网球赛。	어떤 사람들은 테니스경기에 참가했어요.
杰克是棒球运动员,	잭은 야구운동 선수이고,
每次比赛他都参加。	매번 경기에 모두 출전했어요.
大卫是网球运动员,	데이비드는 테니스운동선수이고
他经常得第一。	여러 번 우승을 했어요.
玛丽参加啦啦队,	메리는 응원단원이고,
我给大家送饮料。	저는 음료수를 모두에게 나눠줬어요.
我喜欢我们学校	저는 저의 학교와 저의 학우들을
和我的同学。	좋아해요.

2. 단어정리

学校	xuéxiào	학교
举行	jǔxíng	거행하다, 개최하다
运动会	yùndònghuì	운동회
运动场	yùndòngchǎng	운동장
有的	yǒude	(어떤) 것, 사람
参加	cānjiā	참가하다
棒球	bàngqiú	야구
赛	sài	경기
网球	wǎngqiú	테니스
运动员	yùndòngyuán	운동선수
每次	měicì	매 회(번)
比赛	bǐsài	시합(하다)
得	dé	(전수를) 언다
啦啦队	lālāduì	응원단
送	sòng	보내다, 주다

3. 연습문제

1. Complete the crossword of *Pinyin*.

西部 xi bù	参加 cān jiā	运动 yùndòng
举行 jǔ xíng	爬山 páshān	

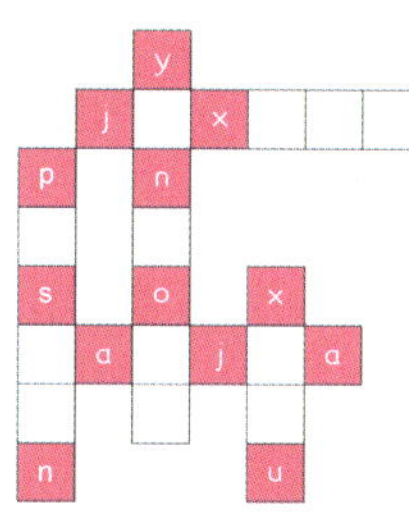